場、建物、空間から公共性を考える

地状学への誘い

藤江昌嗣［編著］

学文社

執筆者

＊藤江　昌嗣　明治大学経営学部　教授（第1章・終章）
竹内　紀人　青森中央学院大学経営法学部　教授（第2章）
戸村　　孝　元（株）ウェザーニューズ　監査役（第3章）
岩瀧　敏昭　大阪大学大学院国際公共政策研究科　特任准教授（インタビュー）
永田　裕一　（株）北見ハッカ通商　代表取締役社長（第4章）
衣松　佳孝　Nomura Research Institute America, Inc. Senior Consultant（第5章）
小河原太郎　表参道・新潟館ネスパス　前副館長（第6章）
八島　定敏　元　宮城県白石市　総務部長（第7章）
小塚　栄志　府中市市民協働推進部協働共創推進課　課長（第8章）
飯澤　文夫　元　明治大学　学術・社会連携部長（第9章）
堂前　　武　（一社）淡路エリアマネジメント事務局　マネージャー（インタビュー）

（執筆順、＊は編者）

はじめに

本書、『場、建物、空間から公共性を考える』は、「公共性」を発見する新しい視座を提供し、読者に「公共性」に手を伸ばし、結んで（認識＝わかる）もらうこと、実践してもらうことを目標とした書である。

タイトルに冠した「場」「建物」「空間」とは、例えば、私たちの生活を支える身近な地域空間から宇宙空間、あるいは、政治空間、経済空間、社会空間、言語空間、認識空間などをも包含する。特に、私たちが暮らし、日々生きている「地域空間」には、ハード（構造物）やソフト（情報やそのコミュニケーションのあり方、市民や行政、他の主体間の関係―社会関係資本等）、さまざまな広義のインフラ的要素が存在し、その中には「建物」あるいは「施設」が存在し、さらには、働く場や憩いの場、趣味の場、コミュニケーションの場など、共同で利用し、あるいは、個人として利用可能なさまざまな「場」がある。

また、「場」「建物」には、設置主体、運営主体、利用主体、コンシェルジュ的役割のサポート主体が存在し、各主体はその役割、特に公共性あるいは公益性という点についての認識の差異により、関わり方や受け止め方に違いが出てくる。この前提に立てば、公共性は他者（他の主体）の存在と主張を理解することから始まり、信頼関係の醸成により生まれるものと言えるのかもしれない。居心地のよい空間はこうした前提から創られるのだと思う。

現在の日本は、都市、地方いずれにおいても解決の容易ではないさまざまな問題、機能不全が存在しているが、その解決のために、こうした課題を冷静に受け止め、また、それに対応し、地域（産業・企業）のサステナビリティ（持続性）を目指し、「公共性」について改めて考える意義や契機も生み出している。

それは行政、市民（企業含む）、諸機関という主体が協働して行うことを指してきた「新しい公共」という定義を超える視点が必要とされていることを意味している。「場」「建物」「空間」という視点は、ハードやソフトのさまざまな広義のインフラ的要素について、主体の自律性と公平性を前提とした、主体間の協働のあり方や具体化されつつある公助や共創を通じた、いわば立体的な、より現代化された「公共性」を考える視座を提供すると考える。

また、本書は、地域における「場」や建物、空間を対象に「公共性」について考え、記述していくものなので、「地政学」を意識しつつ、「地状学」（地域の状態を記述する学問）という言葉・概念を考え、用いることにした。「地状学」は、この間の企業活動、個人の活動、情報空間の「グローバル化」の認識や分析において、地理的要因を重視した「地政学」という視座とは異なる。それは、歴史的・文化的・社会的・経済的・財政的・政治的要因を考慮しつつ、「場」「建物」「空間」という身近な存在をとおして、足元の地域から思考と具体的な取り組みを展開していくことに貢献すると考える。また、質的、数量的データ、あるいは画像や音声等も用いながら、地域について記録し、発信していくことを志向している。「地政学」ではなく「地状学」とする所以である。

本書では、さまざまな分野で活躍している方々が、コロナ前後の都市の動態を踏まえつつ、公共性、なかでも「新しい公共性」について考察し、論じている。

地域の細部から宇宙までの幅広い空間における気象情報という公共財を通して公共性の形成プロセスについて考察し、住民・市民が地域において使用、利用できる地方交通機関、病院、図書館、建物（施設）における公共性を、社会関係資本ソーシャルキャピタルを含め、論じた。また、エリアマネジメントと景観・ヘリテージ（文化遺産）マネジメントにおける公共性―公共空間についてインタビューで語っていただいた。さらに、行政に従事されている立場から、市民協働、公益性と公共性などについても語っていただいた。

その結果、引き出された公共性とはどのようなものであろうか。各章の著者の見解を確認してほしい。そのうえで読者自らが公共性について定義し、認識し、判断してほしい。そしてそれを実践につなげていくことに役立てば幸いである。

２０２３年10月

藤江　昌嗣

目次

第1章
場、建物、空間と公共性

明治大学経営学部 教授
藤江昌嗣

1 「権力の館」から「公共性の館」へ

「公共」とは、広く社会一般を意味し、「公共性」とは、広く社会一般に利害や正義を有する性質を指す。また、「公益」とは国家または社会公共の利益を指す[1]。しかし、このように定義された「公共」、「公共性」の意味はそれほど明確なものではない。

「公共性」は、歴史的にみれば、「政治空間」あるいは「経済空間」において、市民革命、国民国家、産業革命、帝国主義、コロニアル（植民地主義）の時代の中で、検討されてきた概念である。例えば、中里実は、公共を租税という点から考察している。フランス革命後の租税制度は、アンシャン・レジーム（旧制度）下の特権階級の「租税を支払わない権利」を認めていたという不公平性と租税徴収が私人（徴税請負人）により行われて厳格なものであった点に特徴があった[2]。また、名誉革命が経済的な点で後世の財政・金融制度に大きな影響を与え、また、フランス革命とアメリカ独立革命は政治思想史的な観点で、現在の租税制度に大きな影響を与えたとしている。そして、この二つの革命が自由主義、民主主義、人権の保護、公平な課税といった現在の憲法制度の下で当然のこととされている思想の形成を可能にしたのであり、租税制度の政治的意味合いは極めて大きく、時に革命を引き起こす原動力となり得、税制改革も国民の利害に密接に関連する政治そのものであるという点を念頭に置くべきとしている[3]。

また、上述の市民革命後、課税をめぐる王権の制限（法に基づく課税）は、国王の私の財政と公の財政の区別を実現した。こうした私と区別される「公」は、本国、植民地、都市、農村、地域において意識され、認識され、また、その回路としての港湾や鉄道、道路、そして病院や教育施設、広場等は、その「公共性」を体現してきたのである。

それは、国民国家や都市、農村、地域のサステナビリティの維持と密接に関係し、その意味で「公共性」がより明確になってきたと考えられる。市民・住民、民間機関、行政等の、個人や地域、企業組織のサステナビリティを目指す営為、また、それを、場と空間、そして建物さらには仕組み（制度）の提供においてネットワークを形成し、排除性を排し、成員の必要性やその潜在的能力を引き出す営為が公共性を帯びているのである。

御厨 貴の「権力の館」論

本書は、「場、建物、空間から公共性を考える」ことをテーマとした明治大学の特別講義から出発しているが、そのヒントになったのは、御厨貴《みくりやたかし》の「権力の館」論である。権力とは、治者が被治者に服従を強要する力としておく[4]。

政治学者の御厨貴は、2007年1月から2010年3月まで毎日新聞に掲載した「権力の館を歩く」を核として、これを単行本『権力の館を歩く』（毎日新聞社、2010年、文庫本として筑摩書房、2013年刊）にまとめ、そして構成の見直し等を行い、編著『権力の館を考える』（放送大学教育振興会、2016年）を著した。

御厨の問題意識は、「建築という構造物がそこで営まれる政治を規定しているのではないか。外面的には、建築が建つ〝場〟の状況によって、内面的には建築の中の〝配室〟の状況や、さらには部屋内の机や椅子の〝配置〟状況によって、政治決定のあり方が影響を受ける」[5]として、大政奉還の上表は二条城の大広間で、また、王政復古の大号令は京都御所で発せられたことをその例に挙げている。

注目したいのは、御厨が、『権力の館を考える』で、「建築と政治の相関関係」は双方のダイナミズムの上に成り立ち、「必ずしも、「記念性・象徴性」を伴わなくても、日常性の中にこそ、かえってそのダイナミズムは生き生きと存在しているのはないか」(6)としている点である。すなわち、両者には、第一次的な建築の政治への規定性と第二次的な政治の建築への規定性という、相互の緊張関係が存在していることを指摘し、「権力の館」として三権の館、天皇を守る館、政党の館、地方の館、首相の館、軽井沢の館、関西の館(井上章一執筆)、アジアにおける権力の館の受容(五十嵐太郎執筆)、ペルセポリス/権力の劇場並びにイスファハーン(高橋和夫執筆)を取り上げ、その事実を編んでいったことである。

そして、この『権力の館を考える』の終章で、「新しい公共の館」について触れている。人間の思考様式には建築空間が大きな影響を与えていること、すなわち、「空間の規制力」が存在していることを踏まえ、人の行き来を妨げる個室化を避け、「ワイガヤ空間」の消滅を避けることの重要性を指摘している(7)。

また、他方では、「そこに行って話をしたい」と思えるような、各地域に見合った常設の「話し合い所」をつくるべきだとし、それこそ「新しい公共の館」になるとしている(8)。

最後に、御厨は、「権力の館」の市民開放の意義を次のように指摘し、締め括った。「権力側が上手い具合に「開放する意志」を示せば、日常生活の中で自然と市民の目に「公権力」が触れるようになるし、「市民と政治」や「建築と政治」の関係も親和性が高まる」と。[9]

佐藤 信の空間論的転回

御厨とともにＮＨＫの放送大学の講座「権力の館を考える」でさまざまな館を回った佐藤信は２０２０年に『近代日本の統治と空間─私邸・別荘・庁舎』を東京大学出版会から刊行した。そこでは、１９８０年代末からの「空間論的転回」が紹介され、特に人文地理学における「その転回」が紹介されている。これを少しみておく。

１９７０年代の地理学は、「大きな転回期」で、空間の認識や経験が注目され、場所（place）や景観（landscape）といった新たな空間把握の視角が提示された。そこでは、物理空間が人間行動を規定する側面や人間行動が物理空間を決定する側面のみを扱うのではなく、その相互作用に注目する必要性が強調された。[10]佐藤は、「人間行動と空間を切り離すのではなく、一体化してとらえることはできるだろうか」と問い、慣習をかたちづくり、社会秩序の指標となるのは、「人々によって意識され表現された言語より、むしろ無意識のうちに表現され体感されるもの」で、こうした人間行動は「空間のうえに表現される」としている。「動き、止まり、住まい、客を迎え、席を外す─人の行動はことごとく空間的である」としている。

そして、佐藤は、「統治も、統治への参加も、それらが他者とかかわる人間的行動である以上、空間的であり、その空間性抜きに理解することはできない。「政治＝空間」を観察することで統治構造やその変化をより深く理解することができる」としている[11]。

2　本書における「公共性」の概念

公共性を考える新しい視座について

ところで、御厨の語る「新しい公共の館」は、常設の「話し合い所」であり、イメージとしては車座のコミュニケーションの場であり、本書で考える公共の場、建物、空間からすると、ほんの一部に過ぎない。しかし、より重要な点は、御厨が指摘した「空間の規制力」の存在と、「建築と政治の相関関係」が「双方のダイナミズム」をもつという点であり、建築空間が人間の思考様式に大きな影響を与えているという点である。また、佐藤信が指摘している「行動は空間のうえに表現される」という点である。

本書では、場、建物、空間から公共性を考えていくが、さまざまな場、建物、空間とそこに登場するさまざまな主体（人間、市民、住民）との間にも、やはり、思考様式や意思決定、行動様式におけるダイナミズムが存在する。そして、この思考様式、意思決定、行動様式

における キーワードは、御厨貴や佐藤信が考察の対象とした「権力」とは対極にある「公共性」である。

この公共性については、哲学や政治学、社会学等の分野でハンナ・アーレント（Hannah Arendt, 1906-1975）やJ・ハーバーマス（Jürge Habermas, 1929-）の所説を軸に真摯に論じられてきているが、そこでは、国家と市民の関係、グローバル化の中での「国民国家」を前提にした社会の統合のもたらす抑圧（同化）にウェイトが置かれていた。この点に関わり、奥平康弘は「思想交換の自由市場」について触れている[12]。

また、公共性の社会的次元を示したのがA・セン（Amartya Sen, 1933-）である。センの語る、誰もが充たすべき「基本的な潜在能力」を重視し、社会の分断が惹き起こす排除あるいは貧困・格差社会における人間間の関係における非排除を含む公共性の認識についての再考察もなされている[13]。

また、五十嵐は、「建築とは視覚化された権力[14]」であり、「建築史は権力者の歴史」であると語っている。しかも、こうした変化が生じたのは、近代の市民社会以降であり、建築家が都市問題に向き合い、集合住宅などを建築の社会的課題として取り組む、あるいは美術館や図書館などの公共施設が重要なビルディングタイプになるのも、モダニズム以降であるとしている。

ここには、政治家、権力者とは異なる「市民」が、社会の構成員として、また、新しい公共性の享受者また担い手として登場している。封建社会のもつ軛《くびき》から逃れ、市民として登場してきた公共性の主体は、その経緯からして「自由」についても、封建制国家による「公共性」の独占を打ち壊す役割を果たした。また、「表現の自由」と「知る権利」に加え、公共性を考える際の重要なものとして　租税における公平性、そして、「非排除性」も併せて考えるべきものである。

筆者は、経済学の課題（Agenda）は、「人間や生命の再生産、また、これらと地域・社会・国家・地球・環境の再生産」であり、環境・経済・人間社会・個人のサステナビリティ（持続性）のための経済政策の発見と政策の立案・実施、また、市場構造や市場での企業等の経済主体のルールの構築と監視が重要と考えている。

２０２３年の夏（7～9月）は世界中で高温が続き、ヒートアイランドどころではなく、「地球沸騰」（グローバルボイリング：Global Boiling）と呼ばれた。

ヒートアイランド（heat island ＝熱の島）現象とは、都市の気温が周囲よりも高くなる現象であるが、「地球沸騰」（グローバルボイリング）は文字通り地球全体が人間や生命体の生存を危うくする「沸騰」とも呼べる暑さになっている状態である。

こうした「自然災害」は、「生命・身体・財産」＝公共性を脅かすものであり、それゆえ、

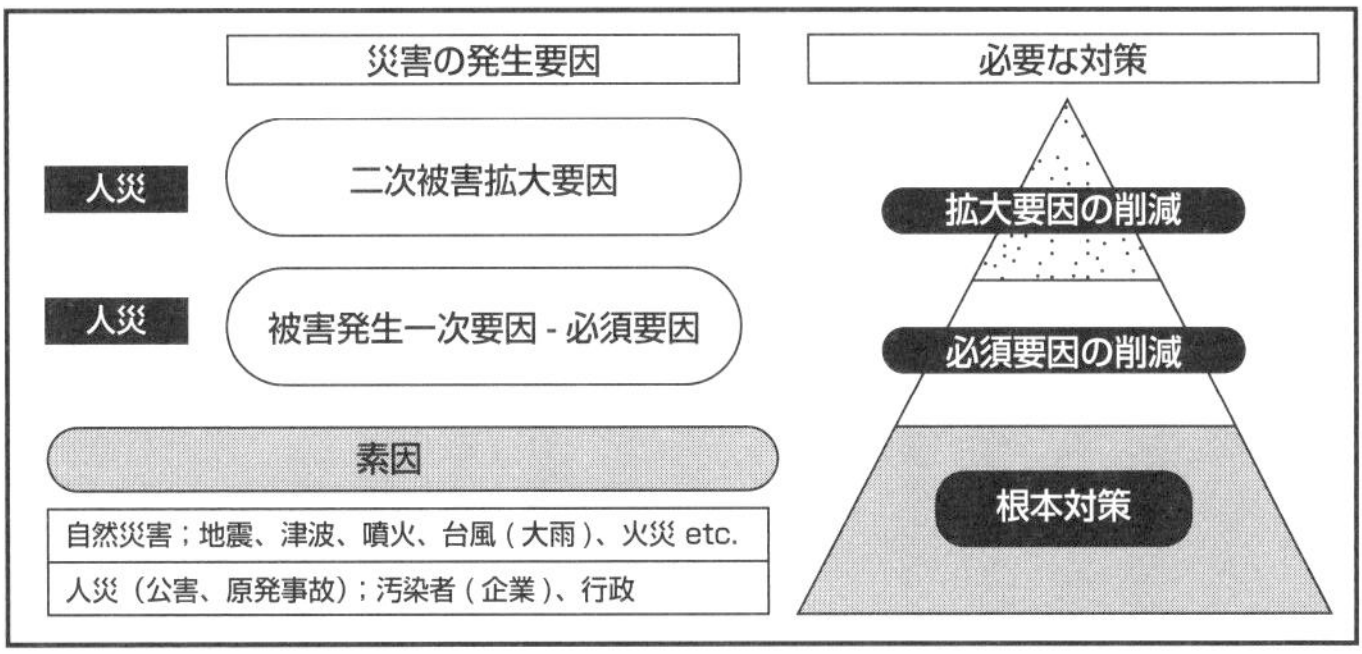

図 1-1　災害（公害・自然災害）の発生構造とその対策

（出所）高橋浩一郎『災害の科学』NHK ブックス，1975 年，p.87 を基に筆者作成

防災は高い公共性をもつのである。そして、防災の責任主体は国や地方自治体である。

災害の構造

災害（公害・自然災害）の発生構造を示しているのが**図1-1**である。災害は素因が惹き起こし、必須要因が被害をもたらし、拡大要因が被害を拡大するという構造をもつ。

素因は自然災害と人災を区別する要素となるが、自然災害では、地震、津波、台風（大雨）、火災、「地球沸騰」を生み出す温暖化などであり、人災（公害、原発事故など）では、企業、行政施設、基地などの汚染物質の地中・水中・空気中への排出である。

素因には根本対策が必要であり、これを怠れば人災となる。また、必須要因がなければ被害は発生しないのであるから、根本対策とともに対症療法にとどまらない常時災害におけるハード・ソフト面での対策・体制作りも重要となる。
素因は止められずとも、必須要因や拡大要因を最小限・ゼロにするソフト面を含む防災インフラの整備を怠ってはならず、この防災インフラは、高い公共性をもつ公共財なのである。

新たな公共財

公共財を不特定多数の人に供給される財とすれば、これまで、①交通、②通信、③電力、④水道が公共財とされてきた。こうしたハードだけではなく、地球規模の「公共性」を発揮するために、ソフト面でも各国政府機関や民間機関が協力しているのである。新たな公共財は必要ないのか？　このテーマを戸村孝（第3章）が記述している。
衣松佳孝（第5章）も公共財としての地域公共交通機関の在り方を通して、その公共性について考察している。

地域防災計画や医療関係インフラの公共性

竹内紀人（第2章）や八島定敏（第7章）は、地域における、「地域防災計画」や医療関係インフラの公共性について考察している。公助だけでは対応が難しいなか、今後、必要になるのは、どのような公共性なのか、この点を精確に見極めている。

岩瀧敏昭（インタビュー）は、熊本阿蘇を例に地域としての大地性と海洋性からみた場の共創と公益性について考察している。岩瀧の論点は、竹内、八島の社会資本に関する主張や永田裕一（第4章）のテーマとしている社会関係資本（SC：ソーシャルキャピタル）とも重なるものである。

社会関係資本（SC：ソーシャルキャピタル）

永田裕一（第4章）は、地域に根差す企業における公共性あるいは社会関係資本（SC）の形成について、また、市民と企業と行政、民間組織等の連携が、新たな関係性—社会関係資本（SC）—をどう生み出すのかを考察している。永田の語る「民からの「うねり」」について読者も感知してもらいたい。

社会関係資本（SC）に深くかかわるエリアマネジメントについて、堂前武（インタビュー）は自ら関わる淡路町二丁目西部地区市街地再開発事業（ワテラスWATERRAS）を通じてその考えを伝えてくれている。また、岩瀧は京町家への関わりを通して、景観・ヘリテージマネジメントについての考えを示している。

また、こうした市民協働とも呼べる社会関係資本（SC）の構築は、他でもない公共経営の担い手としての自治体の健全な財政の維持や実現を必須としている。これも重要な公共性の要素なのである。

市民協働

市民協働[15]とは、さまざまな市民同士の協働のことである。小塚栄志(第8章)は府中市を例に考察している。多様化、複雑化した地域課題の解決のため、どのような協働が必要になっているのかを考察している。

施設

小河原太郎(第6章)は、首都圏情報発信拠点としての役割という点から、アンテナショップという建物・その機能から公共性を考えている。

また、飯澤文夫(第9章)は、図書館を対象に、図書館の公共性と東日本大震災後のその取り組みや現状の検証を行い、改めて公共性について考察している。

以上各章のテーマについてみてきたが、本書では、公共性について、差し当たり、「市民・住民、民間機関、行政等の、個人や地域、企業組織のサステナビリティを目指す営為」としておく。それは、場と空間、そして建物さらには仕組み（制度）の提供においてネットワークを形成し、排除性を排し、成員の必要性やその潜在的能力を引き出す営為を指している。それは、市民や民間企業、そして行政（地方自治体）が個人や地域、企業組織のサステナビリティを目指し協働する中で生まれてくるものであり、統治とは異なる公共性を前提とした社会システムによる「生活世界」の創造なのである。

こうした「場」「建物」「空間」という媒介がなければ、市民・住民、企業組織や行政組織の成員でさえも、「広場」にいても、「孤独」を感じる、「広場の孤独」状態に陥るかもしれないのである(16)。

「地域」に即してみれば、こうした公共性は市民、住民という主体間に生まれるものであり、共有された「場」「建物」「空間」は、諸主体にとり、出会いや経験の「場」「建物」「空間」であり、共通の価値観に基づき創造された共生、協働の「場」「建物」「空間」である。また、それは、共通の価値観を創造する機能、そして他者の価値を理解するという機能も担っている。

さて、こうした異なる主体が協働して—同時とは限らない—取り組む形は、通常、**図1-2**のベン図のように表現される。主体Aと主体Bが創り出す公共性が生成される「場」、あるいは「空間」「建物」といえる。ベン図的に描けば、**図1-2**の左の二つの円の交わる

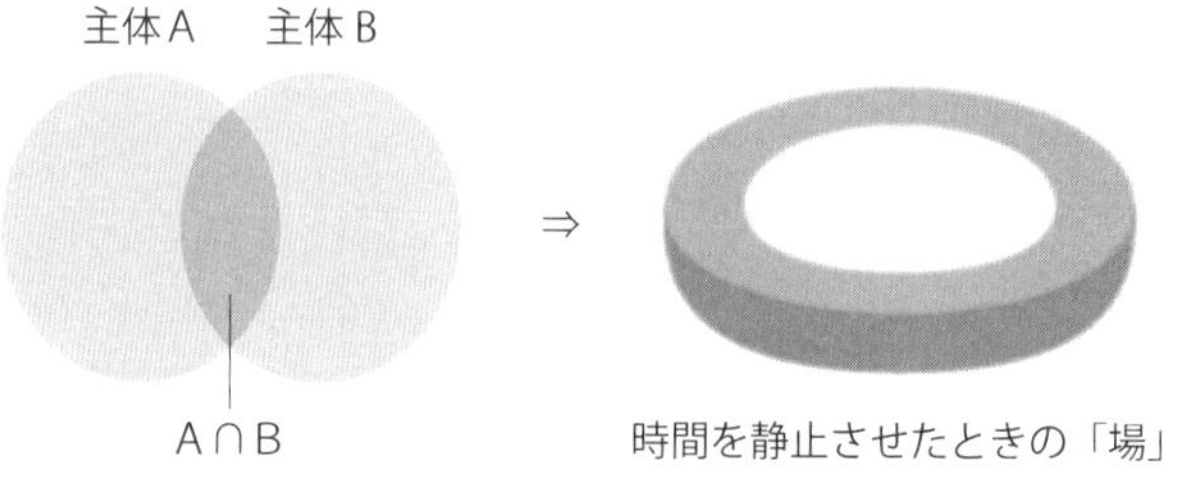
主体A　主体B
A∩B
⇒
時間を静止させたときの「場」

図1-2　公共性の「場」

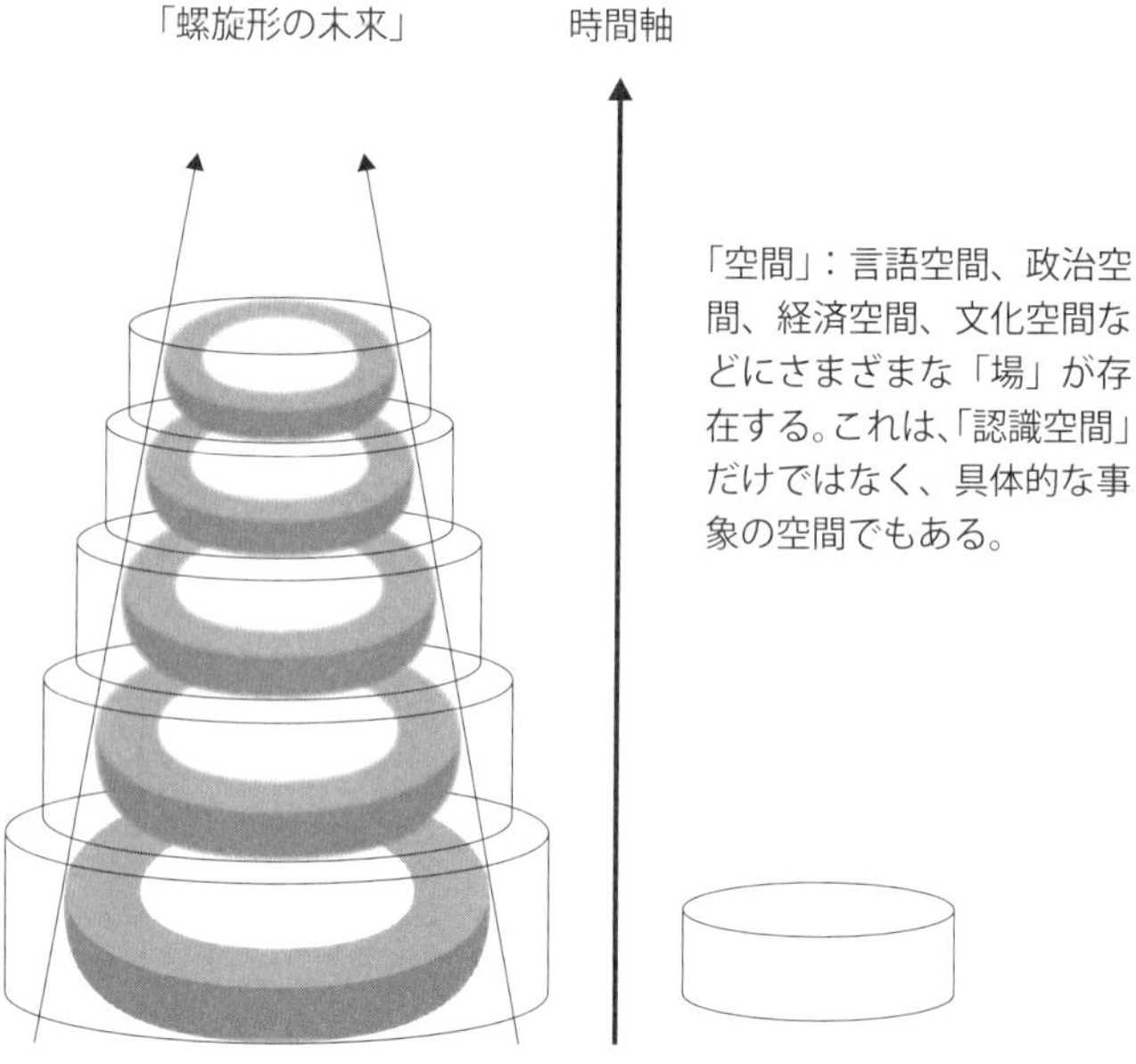
「螺旋形の未来」
時間軸
「空間」：言語空間、政治空間、経済空間、文化空間などにさまざまな「場」が存在する。これは、「認識空間」だけではなく、具体的な事象の空間でもある。

図1-3　時間の経過の中での「場」「建物」「空間」と公共性の「場」

A∩B部分として示すことができる。

また、この「場」「建物」「空間」を矢印右側の二重円の重なりとして示せば、時間の経過の中でのその推移を示すことも可能となる（図1-3参照）。

ある環境のもとで、時間を静止させた「構造的」断面には、公共性を成立させる「場」「建物」あるいは「空間」が存在するが、時間の経過とともに、新しい環境、空間が生み出されていくので、そのダイナミズムは、未来に向けて螺旋状に進んで行くものとして描くことも可能である。

そして、地球環境も一つの「空間」と見なせるが、ここに「空間」とは、地理的空間、言語空間、政治空間、経済空間、文化空間、認識・認知空間などさまざまに存在する「空間」である。また、各空間の中には歴史をもつ「場」「建物」あるいはそれらを包摂する「地域」が存在する。そして、それは何よりも具体的な「事象の空間」であることが重要である。そして、「場」「建物」の全体構造を知るためには、さまざまな「空間」と「空間」相互の関係を知ることと併せて、地域の特性と「地域」間の関係もみていく必要がある。

高度経済成長期、二回のオイルショックを経て、1980年代後半以降、日本で進められてきた「国づくり」の結果は、地域・コミュニティからみた場合、東京一極集中、都市の過密と地方の衰退、「限界集落」、「限界都市」、教育や医療、文化などの機能不全などがあった。こうした状況を「成熟都市」として捉え直したのは諸富徹である。[17] ネガティブな結果を冷静に受けとめ、また、それに対応し、地域（産業・企業）のサステナビリティ（持続性）を目指すために、「公共性」について改めて考える意義や契機、その実践の機会を生み出しているのである。

行政と市民と他機関（企業）のベン図的な重なりの部分を意味してきた「新しい公共」というこの間の定義を超える視点が必要とされている。「場」「建物」「空間」という視点は、ハード（構造物）やソフト（情報やそのコミュニケーションのあり方、市民や行政、他の主体間の関係等）のさまざまな広義のソーシャルインフラ的要素について、主体の自律性と公平性を前提とした、主体間の協働を、具体化されつつある公助や共助を通じた、いわば立体的な、より現代化された「公共性」を考える視座を提供するものである。

「場」「建物」「空間」の生み出す「公共性」が、人間主体が時間の流れや地理的範囲の中で生成していくものであるとすれば、それは、地域に即してみれば、市民、住民という主体間に生まれるものであり、共有された「公共性」は、諸主体にとり、「異なる認識の重なり」に留まらない、共通の価値観に基づき創造された共生、協働、あるいは共通の価値観を創造するためのものとして、かつ他者の価値の理解や、地域の歴史の理解の礎にもなるものである。[18]

筆者の恩師の一人である経済史学者故丸山優は、現代ドイツの哲学者ハーバーマスはその著書『公共性の構造転換』（初版1962年）の時点から一貫して、現代では自由闊達な討論の場が失われ、コミュニケーションと世論（公共性）が操作されるものに変わり、その対案を探ってきていた、としていたが、また、社会構造の歴史を見る場合に、フランスの歴史家F・ブローデル（Fernand Braudel, 1902-1985）の「重層的時間の視点」を示し、「そう簡単に変化しない経済構造・社会制度や民衆の心性（メンタリティ）にも変化の兆しを見出すとともに、不断に変化する出来事（事件史・政治史）にも趨勢・傾向を見出し……」と語っていた。[19] この丸山の語る、変化の兆候や出来事の趨勢・傾向を見出すことは、地域においては、まず地域の状態を記述し、その変化、変化の兆しを感じ取ることなのである。

3 「地状学」の試み—その対象と方法

「地状学」の対象

私の専門とする統計学の歴史には、ドイツにおいて国の状態を記述する「国情学」という学問（官房学の一つ）があったが、これに対し、本書は、地域という「場」「建物」あるいは「空間」を対象に考察、記述していくものなので、タイトルの中に「地状学」（地域の状態を記述する学問）という言葉を用いた[20]。

これは、この間の「グローバル化」、「地政学」という視座とは異なるものであり、足元の地域から思考を展開する作業であり、プラットホームとしての役割ももつものである。

しかし、「地状学」が「状態の体系的な知識」の一つであるとしても、無限定では作業は進まない。それでは「地状学」の対象は何であろうか？　筆者は、この対象の限定のための切り口として「公共性」を用いた。「公共性」については、市民・住民、民間機関、行政等の、個人や地域、企業組織のサステナビリティを目指す営為、あるいは、「場」と「建物」、「空間」、そして仕組み（制度）の提供という点でネットワークを形成し、排除性を排し、成員の必要性やその潜在的能力を引き出す営為としておいた。これをもう一歩進めたものが、立体的な、より現代化された公共性なのである。

また、かつて、内田芳明が追いかけて来た「風景」をめぐる問題、すなわち、ヨーロッパの風景の美しさ、風景の共同の美意識、共同感情、共同の文化価値意識は、日本にも当てはまる。それらは、「地状学」の記述する対象そして方法に関わる重要な要素となる[21]。

「地状学」は経済学や経営学、社会学等と同様に、そのインターフェイス（隣接科学との接面）は多様である。したがって、幅広い問題関心と学びの「土台」の形成が必要となるし、多様な視点の獲得への努力とその相対化の営みも重要となる。すなわち、「絶対化」や「思考停止」ではなく、常に相対化していくことが大切になる。

その際に、「三つの目」も必要となる。それは、虫の目、魚の目そして鳥の目である。ここに虫の目は、「精確」に見ること、魚の目は「流れ」を見ること、そして、鳥の目は「俯瞰する」目である。

虫の目としてトンボを取り上げてみる。トンボは六角形をした小さな個眼が1万個も集まった昆虫の中で最大の「複眼」をもつと言われている。この複眼でトンボは物の形を精確に、また、接近する相手の動きを素早く捉えることができると推測されている(22)。

私たちには、地域をはじめ、対象を正確にみるというよりも、むしろより精確にみる目が必要になる。衛星ロケットは地上の情報を詳細な映像や数値などで遠方から示してくれるが、この地上の生命体やそこにある大地、環境、「場」、建物、諸空間をより精《くわ》しく、その意味で精確に把握することが必要で、これが「地状学」に必要な第一の目になる。

また、魚の目は「流れ」を見ること、すなわち、歴史的にみることである。精確性をもつ虫の目（精確性）に歴史的にみる魚の目が加わると、それは、保阪正康が半藤一利の歴史をみる視点を表現した「史眼」に通じていく。それは「史観」ではなく、歴史から物事の道理を解釈するものを指す。「地状学」にもこうした第二の目が必要である。

そして、第三の目が鳥の目、すなわち、「俯瞰する」目である。俯瞰には高い所から見下ろすという意味もあるが、それだけに留まらず、自らや自らを含む他者の位置や直面する課題や相互間の関係等を、視点を少しずらしながら、それを立体的、客観的に眺める目である。

本書の以下の章では、それぞれの地域―「場」「建物」「空間」―を対象に、そこでの公共性のあり方に視点を定め、これらを三つの目で、矢のように射ることを目指し、より詳細に記述を進めていく。

注
(1) 新村出編『広辞苑　第七版』岩波書店、2018年
(2) 中里実『租税史回廊』租税経理協会、2019年、29頁
(3) 同右書、31頁
(4) (1)に同じ。
(5) 御厨貴編著『権力の館を考える』放送大学教育振興会、2016年、12頁
(6) 同右。
(7) 同右書、328頁

(8) 同右書、327頁
(9) 同右書、345頁
(10) 佐藤信『近代日本の統治と空間―私邸・別荘・庁舎』東京大学出版会、2020年、4-5頁
(11) 同右書、9頁
(12) 自由には、表現の自由、移動の自由、職業選択の自由とさまざまな自由があるが、自由については奥平康弘『表現の自由とは何か』中央公論社、1970年を参照されたい。
(13) 齋藤純一「公共性」『現在思想』11月臨時増刊号、2001年、青土社、52-54頁
(14) 五十嵐太郎「政治家と建築家」御厨貴・井上章一編著『建築と権力のダイナミズム』岩波書店、2015年、206頁
(15) 「協働」については、池上惇『池上四郎の都市計画―大阪市の経験を未来に』(京都大学学術出版会、2022年)を参照されたい。
(16) 「広場の孤独」については、下記文献の池澤夏樹と鹿島茂の文章を参照されたい。池沢夏樹・吉岡忍・鹿島茂・大高保二郎・宮崎駿・高志の国文学館編『堀田善衛を読む―世界を知りぬくための羅針盤』集英社、2018年
(17) 諸富徹『人口減少時代の都市―成熟型のまちづくりへ』中央公論新社、2018年
(18) 古川日出男は、「〝場〟との「共振」」という言葉を使っている(朝日新聞、2023年7月28日朝刊)。
(19) 丸山優先生を偲ぶ会『丸山優先生　追悼集』2022年、30頁
(20) 「地状学」については、藤江昌嗣「地域における統計の作成と利用」経済統計学会『社会科学としての統計学　第4集　統計学　創刊50周年記念号』(2006年)、また、藤江昌嗣「地状学ノス

スメ――地域の総合的把握の新側面について」『クレジット研究』クレジット研究所38、２００７年、67‐80頁参照。

（21）内田芳明『風景とは何か――構想力としての都市』朝日新聞社、１９９２年、１５５頁

（22）NHK for School「トンボの眼」https://www2.nhk.or.jp/school/watch/clip/?das_id=D0005400260_00000（２０２３年５月１日閲覧）

第2章 感染症や自然災害から「地方のレジリエンス」を考える

青森中央学院大学経営法学部 教授
竹内紀人

1 はじめに

『令和3年版 国土交通白書2021』第I部のテーマは、「危機を乗り越え豊かな未来へ」とされ、ふたつの危機、すなわち、「新型コロナウイルス感染症」と「災害の激甚化・頻発化」が取り上げられた(1)。

2019年末に発生した新型コロナウイルス感染症の感染拡大により、生命・身体への影響にとどまらず、経済的にも大きな影響が生じた。最近では徐々に行動制限が緩和され、ようやく経済活動は以前の水準に戻りつつあるが、私たちは今後も、まだ見ぬ新型ウイルスの発現も含め、感染症を危機のひとつとして認識していかなくてはならない。

一方、この数年、毎年のように気候変動の影響で台風や豪雨による災害が発生し、被害状況も深刻化している。また、地震や津波による被害の想定も拡大している。災害の激甚化・頻発化もまた、私たちの直面する危機である。

本章では、コロナ禍や自然災害における、地方のレジリエンスについて考えていきたい。

2　感染症と地方

コロナ禍で見直された「疎」の利点

2023年5月8日より、新型コロナウイルス感染症の感染症法上の位置づけが5類感染症となり、日常における基本的感染対策を一律に求められることはなくなった。ある程度の落ち着きを取り戻した今、改めて新型コロナウイルス感染症との戦いを振返ってみることは重要である。まずは、日本で初の感染者が確認された2020年から2023年5月8日までの陽性者数を、2020年国勢調査ベースの最新の推計人口（2022年10月1日）で除した都道府県別の罹患率を見てみよう。(2)
表2-1は、当該期間の罹患率が高い順に都道府県別の感染者数、死亡者数等を一覧に

表 2-1　都道府県別コロナ感染状況(2020年1月15日〜2023年5月8日)罹患率順

	推計人口(2022年10月1日)	新型コロナウイルス陽性者数	死亡者数(累積)	罹患率%(人口比)	死亡率%(人口比)	致命率%(死亡者数/感染者数)
全　国	124,946,789	33,802,739	74,669	27.1	0.060	0.22
沖縄県	1,468,318	583,657	1,016	39.8	0.069	0.17
佐賀県	800,787	262,447	496	32.8	0.062	0.19
大阪府	8,782,484	2,852,151	8,557	32.5	0.097	0.30
熊本県	1,718,327	537,732	1,316	31.3	0.077	0.24
東京都	14,038,167	4,388,368	8,124	31.3	0.058	0.19
福岡県	5,116,046	1,596,875	3,205	31.2	0.063	0.20
宮崎県	1,052,338	321,876	778	30.6	0.074	0.24
広島県	2,759,500	812,114	1,373	29.4	0.050	0.17
鹿児島県	1,562,662	444,973	893	28.5	0.057	0.20
愛知県	7,495,171	2,124,990	4,363	28.4	0.058	0.21
岐阜県	1,945,763	548,252	1,126	28.2	0.058	0.21
大分県	1,106,831	305,980	785	27.6	0.071	0.26
兵庫県	5,402,493	1,478,382	3,908	27.4	0.072	0.26
香川県	934,060	255,506	626	27.4	0.067	0.25
福井県	752,855	202,716	200	26.9	0.027	0.10
京都府	2,549,749	684,638	1,674	26.9	0.066	0.24
奈良県	1,305,812	349,613	880	26.8	0.067	0.25
和歌山県	903,265	241,476	530	26.7	0.059	0.22
滋賀県	1,408,931	376,556	679	26.7	0.048	0.18
三重県	1,742,174	464,383	1,070	26.7	0.061	0.23
岡山県	1,862,317	494,204	857	26.5	0.046	0.17
鳥取県	543,620	144,182	267	26.5	0.049	0.19
北海道	5,140,354	1,363,114	4,609	26.5	0.090	0.34
長崎県	1,283,128	338,746	647	26.4	0.050	0.19
島根県	657,909	169,939	304	25.8	0.046	0.18
石川県	1,117,637	283,158	523	25.3	0.047	0.18
高知県	675,705	170,198	602	25.2	0.089	0.35
埼玉県	7,337,089	1,814,924	4,009	24.7	0.055	0.22
愛媛県	1,306,486	319,202	701	24.4	0.054	0.22
静岡県	3,582,297	872,961	1,408	24.4	0.039	0.16
神奈川県	9,232,489	2,239,921	4,335	24.3	0.047	0.19
山梨県	801,874	193,918	421	24.2	0.053	0.22
山口県	1,313,403	317,028	757	24.1	0.058	0.24
徳島県	703,852	168,197	423	23.9	0.060	0.25
宮城県	2,279,977	544,388	970	23.9	0.043	0.18
富山県	1,016,534	240,842	324	23.7	0.032	0.13
千葉県	6,265,975	1,478,335	3,944	23.6	0.063	0.27
青森県	1,204,392	283,617	667	23.5	0.055	0.24
群馬県	1,913,254	444,814	1,106	23.2	0.058	0.25
長野県	2,019,993	467,686	899	23.2	0.045	0.19
福島県	1,790,181	410,462	856	22.9	0.048	0.21
茨城県	2,839,555	642,582	1,300	22.6	0.046	0.20
栃木県	1,908,821	427,988	1,088	22.4	0.057	0.25
山形県	1,041,025	231,254	370	22.2	0.036	0.16
秋田県	929,901	203,743	603	21.9	0.065	0.30
新潟県	2,152,693	466,369	456	21.7	0.021	0.10
岩手県	1,180,595	238,133	624	20.2	0.053	0.26
その他		149	0			

(注) その他は長崎県のクルーズ船における陽性者

(出所)「新型コロナウイルス感染症の国内発生状況等について」(厚生労働省),「人口推計」(総務省)により筆者作成した表である。人口比の罹患率は、全国平均で27・1％であり、最も高かったのが沖縄県の39・8％、次いで佐賀県の32・8％、大阪府の32・5％と続いた。大阪府に限らず、東京都、福岡県、広島県、愛知県など、大都市を抱える都府県が上位にランクインしている。一方、東北6県は、100万人都市の仙台市を擁する宮城県が23・9％で35位、他の5県はすべてそれ以下であり、岩手県の罹患率は20・2％と全国最低にとどまった。東北地方各県の罹患率がすべて全国平均値よりも3ポイント以上低位であったことは、感染状況に関し、「疎」の強靭性があったものとみていいだろう。

地方の暮らしは、本来的に「密」ではなく「疎」だ。人が密集していない、人流が少ない、ディスタンスがとりやすいことなどは感染拡大の勢いを緩和したとみられる。

新型コロナウイルス感染症により、社会的には、「ニューノーマル（新常態）」が定着した。感染対策の徹底が最初にあり、次いで遠隔会議やテレワークの普及は、アフターコロナにおいてもそれらが有益であることを示し、働き方を改革した。不要不急の外出をせず、居ながらにしてさまざまなことを可能にする試みが、観光やエンターテインメントの在り方にも影響を及ぼした。

分散・バランス・多様性・包摂性が重視される現代において、例えば、テレワークの普及は大都市圏でのあわただしい生活を離れ、地方移住を決断するハードルを引き下げた。

現実に企業も個人も一部に東京脱出の動きがみられるようになった。これも新常態のひとつである。大都市圏に隣接した「地方」に限定的な現象との見方もあるが、デジタル技術の活用と相まって地方の「疎」の利点が見直される機運があるならば、移住だけでなく、二地域居住やワーケーションの拡大等による、新たな「地方の時代」に期待したい。

コロナ禍が加速させる「地方」の脆弱性

コロナ禍は、さまざまな地域産業を疲弊させたが、人流の停滞で最も直接的に影響を受けたのが、地域の公共交通である。それは観光のみならず、地域住民の生活に不可欠なインフラとして、経営が厳しい状況でも、公的資金や分担金の投入等を含め、かろうじて存続してきた。それが人流の減少で大ピンチに陥った。

『国土交通白書2021』は、「地域公共交通の代表格である乗合バスについて見ると、コロナ禍以前の2019年において、全国のバス事業者のうち約7割が赤字であり、特に地方圏のバス事業者は約9割が赤字である。(中略)人流の減少やインバウンドの消失など経営環境の激変が生じている。この影響で、地域公共交通は、利用者がさらに減少し、極めて深刻な状況に陥っている。」と分析した(3)。

公共交通に限らず、地域の生活に密着した販売業やサービス業は、人口減少や大都市圏への社会流出等で、需要の確保と供給体制維持の両面で厳しい状況に置かれていた。コロナ禍を経ての地域企業の相次ぐ廃業等は、地方の供給力をさらに低下させる。

医療や介護に関しては、次なる新型ウイルスへの対応という点からも、人手不足が心配である。2020年の「医師・歯科医師・薬剤師統計」によると、青森県の人口10万人当たりの医師数は224・0人。前回2018年調査の214・7人からは4・3％増加したものの、全国平均も、258・8人から4・0％増の269・2人となっており、格差はほとんど縮小していない(4)。

また、現医師確保計画に用いられている「医師偏在指標」(厚生労働省、2022)を見ると、地域別で三次医療圏(都道府県)別では青森県が最下位から3番目の低さであり、宮城県を除く東北5県はすべて最下位グループに位置している。また、全国に335地域ある二次医療圏についても青森県の6圏域はすべて全国平均を下回っており、うち、津軽地域と青森地域を除く4地域は、全体の下位3分の1である「医師少数地域」に該当している。このように東北地方、とりわけ青森県の医師不足は深刻な状況にある(5)。

福祉・介護分野の現場でも、慢性的な人手不足の状況に加え、感染対策の仕事が増加したため、職員の疲弊感はさらに強まった。病院や福祉施設がBCP(事業継続計画)を検討する際、感染症に関しては入院患者や入所者の動向に加え、スタッフの感染による出勤不能リスクなども流動的である。しかし、人手不足が深刻化している地方で、余裕をもった雇用は無理である。少ない人員体制でぎりぎりの運営をすることは、職員への過剰なストレスとなり、離職を誘発する。ここにおいても、労働力が決定的に少ない地方の脆弱性が、今後の不安につながっている。

コロナ禍が加速させかねない地方の脆弱性として、最後にデジタル対応の遅れに関する懸念を取り上げる。

ＮＩＲＡ総合研究開発機構がコロナ禍以降のテレワーク利用状況を継続調査している（6）（**図2-1**参照）。コロナ禍でのテレワーク利用率は、緊急事態宣言が発出されたタイミングの２０２０年４～5月に急激に上昇し、東京圏では38％に達した。一方、全国の利用率も同時期には25％に上昇した。その後は東京圏が20％台後半の動き、全国が10％台半ばの動きでテレワークが定着し、かつ緊急事態宣言時には若干上振れしてきた状況がうかがわれる。

最近では対面業務主体に復帰する企業も増えているが、２０２３年3月時点で東京圏の利用率は23％、全国の利用率は13％となっており、コロナ禍が落ち着きを見せている中でも一定のテレワーク率が定着していること、東京圏と全国には10ポイントの利用率格差があることがわかる。さて、そうしたなか、都道府県別にみると青森県の実績は、20年４～5月のピーク時でかろうじて10％を超えた程度、23年3月では5％に届かない水準である。

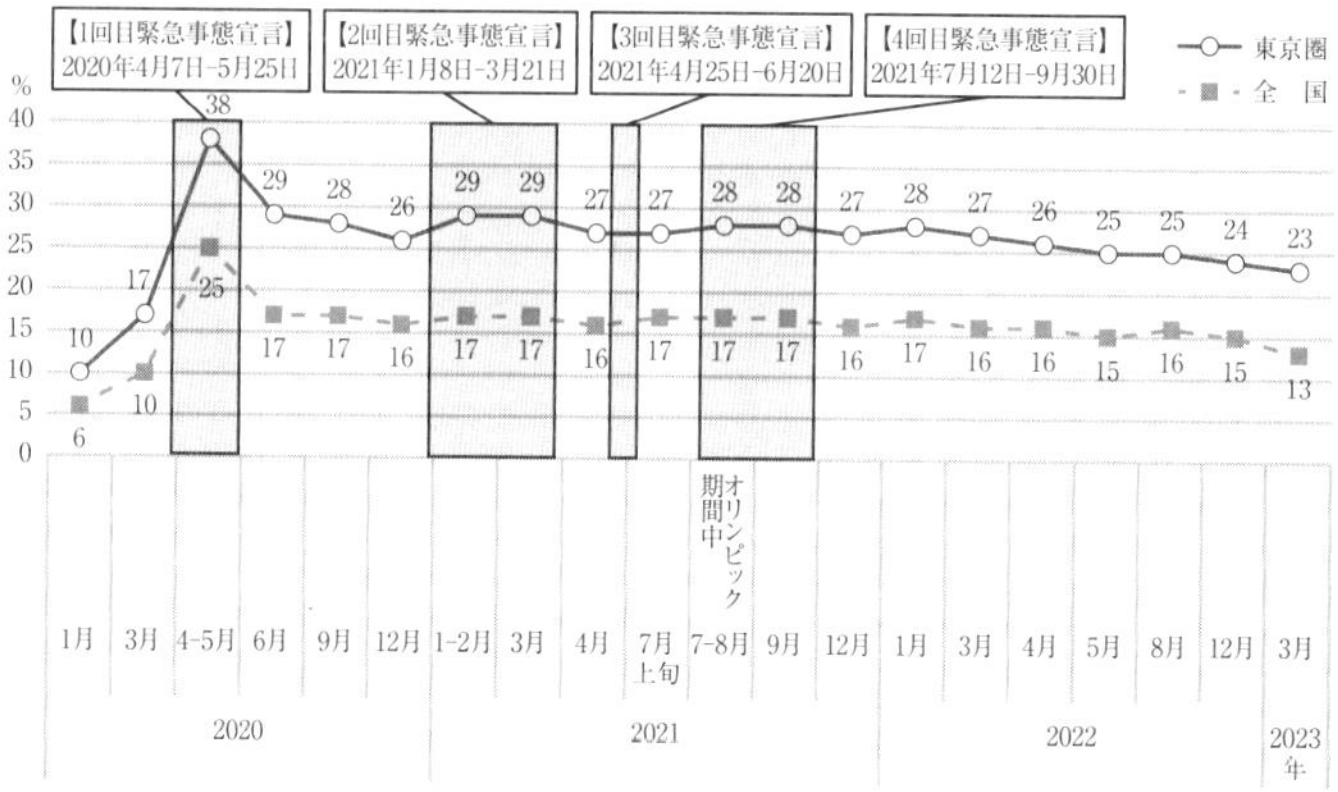

図 2-1　全国および東京圏のテレワーク利用率

（出所）大久保敏弘・NIRA 総合研究開発機構「第 9 回テレワークに関する就業者実態調査（速報）」より作成

産業構造的に、生活必需の対面型サービス業が主体でテレワークの活用場面が限定的であるという地方特有の背景は確実に存在する。しかし、明らかにデジタル対応が遅れている企業も少なくない。従前から技術的には可能であったテレワークという働き方は、コロナ禍の影響で急激に一般化したものである。ビジネスにおける対面の重要性はもちろん見直されて然るべきだが、遠隔地にあっても一定の仕事ができるスタイルは、青森県のような地方でこそ活用されなくてはならない。これまで以上に重要なデジタル環境の構築や情報活用リテラシーの向上について、地方の企業が後れを取っている懸念があるならば、それは非常に大きな問題である。

3　自然災害と地方

自然災害のリスク

自然災害のリスクを数量化しようとする際の基本的な考え方は、次の式で表される。

$$R = H \times V \times E$$

HはHazard（危険の原因・因子）、すなわち自然現象としての大きな力の作用を意味する。VはVulunerability（脆弱性）で、人間社会が自然的外力に耐える力、そして、EはExposure（暴露度）を意味し、人間社会との接触面の大きさや時間的継続を指す。これら三つの要素を乗じたものがRすなわちRisk（災害リスク）である。H（ハザード）が発生するのか否か、どの程度の大きさなのか、正確に予測することは困難である。仮にHがゼロでないとき、E（暴露度）を人口や資産の集積度で考えるなら、東京都の方が青森県よりリスクが高くなる。暴露度に関しては地方の「疎」が大都市圏の「密」より強いことになる。

それではV（脆弱性）はどうであろうか。この点は、まずハードとソフトの両面で考えなくてはならない。さまざまな要素が複雑に絡むことは容易に想像できる。

東日本大震災の被災地で高い防波堤を築いた事業などは、脆弱性を大規模なハード対策でコントロールする対応であり、都市圏でも地方圏でも必要に応じ、基本的には公助として行われる。そのように考えると、地方の特徴は、共助や自助にかかわる主にソフト面の体制や対応力、あるいは個人や企業レベルでのハード装備の状況が注目点となる。

東日本大震災直後の『国土交通白書2011』が掲げた課題

東日本大震災発生の直後に出された『国土交通白書2011（平成22年度年次報告）』（以下、白書2011）は、巨大地震や大津波の再発について注意喚起するとともに、大規模自然災害のリスクが高まっている状況を示した。これはハザードの話である。さらに白書は、社会環境の変化が災害リスクを高める要因となっていることを指摘した(7)。

つまり、人口減少、過疎化、高齢化により、地域コミュニティによる防災力は非常に厳しい状況にあること、財政制約により、過疎地では施設の耐震性の向上、防災に向けた備蓄、あるいは基本的なインフラの整備もままならないこと、そうしたなか、阪神・淡路大震災以降のボランティアなど、地域以外の方々の力が防災活動や被災時の対応に期待されるようになっていることなどが示された。これらは、地方の脆弱性を考えるうえで現在に続く重要な内容である。

また、「大都市に潜むリスク」として、電力や公共交通等に依存する大都市においては、大量の帰宅困難者発生の可能性があること、都市構造の変化により、高層マンションやビルの増加が、エレベーターの閉じ込め、高層難民の発生を招くリスクを高め、地下空間の利用拡大は水害のリスクと隣り合わせであることも示した。

これらは、裏返すと地方の強靭性の部分である。予算規模やマンパワーについては大都市圏のようにはできないが、帰宅難民問題やパニック事故、高層ビルや地下に関わるリスクは、地方の場合、あまり考える必要がない。

さらに、白書2011は、地域を支える建設業や運輸業などの公的機能が低下したことにも触れている。すなわち、防災分野では、地元の産業団体が地方自治体との間に防災協定を締結しており、東日本大震災に際しても、重機資材や労務の提供などで民間パワーが貢献した。しかしながら、就業者の減少や高齢化が進み、災害時に必要な技能労働者の確保が困難化しているのである。人員だけではない。かつて建設業者により大半が保有されていた建設機械は、1999年をピークに減少し、リース業等による保有割合が増加している。こうした人手不足や重機の不足は東日本大震災から10年以上を経て、特に地方圏においてなお一層加速している。

過去を振り返ると、阪神・淡路大震災の際にがれき等から救出された人のうち約8割は消防や警察等の行政によるものではなく、近隣住民等の助け合いによるものであった。この事実が示唆するのは、いざ災害が起きた時に公助にできることには限界があり、共助や自助が大切であるという教訓である。近隣のつながりが強い地方のコミュニティの方が本来的には力を発揮できそうだが、その住民パワーが人口減少と超高齢化の進展で削がれ続けている。救助活動や復旧活動に不可欠な建設機械の数やオペレーターの数も心もとない状況だとするならば、やはり、地方においては防災組織のソフト面においても、また個人・企業レベルのハード装備面においてもV（脆弱性）が高いと言わざるを得ない。

行政の防災体制は大丈夫か

また、基礎自治体の防災体制についても不安は尽きない。中村智行・小岩直人（2022）は、青森県内全40市町村へのアンケート調査と聞き取り調査を実施し、「青森県の市町村では防災を専任とする課の割合が全国平均を大きく下回り、また、約7割の市町村では、防災担当職員が兼任である」ことを明らかにした。また、地域メッシュ単位の人口分布データを用い、2015年時点と2050年の「災害暴露人口割合（災害リスク地域）」を市町村ごとに算出し、「将来において人口は急激に減少するが、災害暴露人口割合（災害リスク地域）は大きく変化しない」ことを導いた。これらを併せ、「青森県の市町村が防災に関わる業務を適切に維持していくには、防災体制を継続的に維持し、防災担当職員にはさらなる専門的な知識や迅速な判断力が求められる」と結論づけた[8]。

効率化の名のもとに、どんどん人員が削減されている状況で、災害対策基本法第5条に記されている「基礎的な地方公共団体として、当該市町村の住民の生命・身体・財産を災害から保護するため、地域防災計画を作成し、これを実施する責務」を市町村が全うできるのか、非常に心配である。

自主防災組織の再構築事例（青森県むつ市大畑町新町自主防災会）

2023年3月26日、リモート開催された内閣府の「地区防災計画フォーラム2023」で、青森県むつ市大畑町新町自主防災会会長の中嶋康夫氏とNPO法人青森県防災士会むつ支部の峯里砂子氏が、大畑町新町自主防災会の取り組みについて発表した。内容は、2021年の豪雨被害に際し、「何もできなかった」ことに危機感をもち、ようやく動き始めた地域の姿である。この4月、むつ市を訪ね、お二人から詳しい話を伺ってきた。

大畑町は平成の大合併でむつ市に合併された町である。かつて津軽海峡のイカ漁やヒバの森林資源等で栄え、人口1万3000人を擁したが、水揚げの減少や木材需要の低迷等を背景に、現在の人口は６０００人を割り込んでいる。青森県の典型的な過疎地域である。

中嶋会長によると、昭和30〜40年代頃は、町を流れる大畑川の氾濫が頻発したため、防災意識が高く、被災時のノウハウなども蓄積されていたという。その後、川の改修が進み、軽微な道路冠水はときおり生じても、深刻な事態に陥ることもなく、住民の防災意識は薄れていった。また、高齢化が加速するなか、防災は行政の仕事というのが町民の一般的な意識となってきた。２０１９年６月にむつ市役所からの勧めで町内会組織をベースに大畑町新町自主防災会が発足したが、特段の活動もなくこれまで過ごしてきた。

２０２１年８月10日、台風９号から変化した温帯低気圧により、むつ市大畑町から風間浦村にかけての国道２７９号沿いで橋の崩落や土砂崩れが相次ぎ、生活と産業を支える一本道が寸断された。地域の住民や、下風呂温泉郷の観光客など８００人以上が一時孤立状態となり、多くの人々が自衛隊の災害派遣などで救助された。住宅被害は全壊８棟、半壊69棟など、過疎地域にもかかわらず、非常に大きな被害となり、「海峡サーモン」で有名なニジマスの養魚場もほぼ流され、産業面にも大きな傷が残った。これが全国に報道された被災の概況である。

峯里砂子氏は「大畑川の氾濫危険避難指示が出る前に、内水氾濫が起きていて、指示が出た時にはもはや動けない状況だった。今回は周囲も全く静かで、すっかり浸水してしまった時まで気が付かなかったことが、高齢化した住民に大きな不安を与えた。小赤川橋の崩落と復旧ばかりがクローズアップされたが、市街地の中心部である大畑町新町地区を襲った内水氾濫による物的被害も非常に甚大であった。いずれにせよ、人的被害がゼロであったことは、奇跡的と言える。しっかりと教訓にしなければ」と強調した。時間の推移を軸に、警戒情報の発出状況と、刻々と切迫化した内水氾濫の映像の対比が、緊張感を伝えた。

中嶋会長は、この災害を契機に、120世帯による自主防災組織を実働性のある組織に改編する決意をした。当初の組織については、①町内会組織をそのまま自主防災組織にしたため、高齢者もいて実働できなかった、②15班の班長が1年交代のため、継続性がなかった、③防災知識や技術の習得が困難で、地域の防災リーダーを育成できなかった、という課題認識をもとに、地域を三区分して複数の固定した班長を配置するなどの組織改編を行った。また、今回の災害に関する全世帯アンケートを実施した。結果、「誰かが何かをしてくれない」といった他力本願の意見が多くみられたことから、地域の防災計画を作成し、「実働する防災組織」を標榜することとした。手始めにまち歩きを行い、危険箇所の特定や避難経路の策定に着手した。防災計画が画餅に終わらないのかという不安があると心情を吐露しつつも、まずは地域を知ることから始めたいと強い意欲を語った。現在は役員、班長等で隔月の定期的な会合を実施しているほか、自主防災会の情報を伝える「新町だより」

を月一回、地域住民に回覧し、防災意識の向上に努めている。

今後は各種訓練の実施や防災知識の習得、近隣地区町内会に自主防災会の設立を勧め、連動していくことなどを考えている。会長は、「取り組みは始まったばかり」と謙遜していたが、被災を経て構築されつつある「実働する自主防災組織」の今後が楽しみである。

4　地方のレジリエンス向上に向けて

地方のレジリエンス向上に向け、想定されるハザードに対応するハード対策はもちろん必要だが、人口減少と超高齢化が着実に進行するなか、地域住民の力をトータルで維持・向上させるためには、全員参加型の防災組織をしっかりと構築すること、そのために地域住民一人一人の防災意識と防災スキルの向上、そして役割分担の明確化を地道に図っていくほかはない。そのうえで近隣他地域との連携を密にし、いざというときには他所の方々の知恵や力を迅速に効率的に借りられる素地をつくり上げていくことが肝要である。むつ市大畑町の事例から実感した。

もともと「地方」が強みをもっていたはずの地域コミュニティをどうしたら維持・強化できるのか。公的部門の強力なリーダーシップの下、地域住民全員の地域を守ろうとする意欲と取り組みがあれば、レジリエンスは高まっていく。感染症対策や防災対策のためだけに何らかのアクションがあるのではなく、実はそれは地域を維持していこうとする取り組みの一環に過ぎない。ないない尽くしの環境のせいにするなら、脆弱性を克服することは不可能である。官民ともに、何ができるのか、何をするのか。一つひとつ考え、実行していくことにより、本来的な強みを地域の持続可能性の向上、ひいては防災対応にも生かしていきたいものである。

注

（1）国土交通省『国土交通白書』各年版（2011、2021、2022年）

（2）厚生労働省「新型コロナウイルス感染症の国内発生状況等について」https://www.mhlw.go.jp/stf/covid-19/kokunainohasseijoukyou.html（2023年5月22日閲覧）

（3）（1）に同じ。

（4）厚生労働省「医師・歯科医師・薬剤師統計」2020年

（5）厚生労働省「第4回地域医療構想及び医師確保計画に関するワーキンググループ参考資料1（2022年5月11日）」https://www.mhlw.go.jp/content/10800000/000936820.pdf（2023年5月22日閲覧）

（6）大久保敏弘・NIRA総合研究開発機構「第9回テレワークに関する就業者実態調査（速報）」2023年 https://www.nira.or.jp/paper/research-report/2023/032304.html（2023年5月22

日閲覧）

（7）（1）に同じ。

（8）中村智行・小岩直人「青森県の市町村における災害曝露人口を考慮した防災体制の検討」『自然災害科学』40-4、2022年、483-496頁

第3章 気象情報の公共性を考える

元(株)ウェザーニューズ 監査役
戸村 孝

1 はじめに

気象情報は、日々の生活から荒天時の防災対策や気候変動等の地球環境問題まで、市民生活や社会・経済活動に不可欠となっている。天気予報は、有史以来、「観天望気」のような経験則で行われてきたが、近代の自然科学の発展に伴い、「物理法則」に基づく数値(解析)予報の効用が大きくなってきている。この天気予報の担い手も、地域共同体レベルでの経験則の共有から、社会組成の変化に伴い、国民の生命と財産を守るとの事由から、国家の機関が一元的に管理し伝達する仕組みとして形成されてきた。

近年、この気象業務および技術、またその伝達（周知）方法に大きな変化が起きてきている。この変化の直接的な要因と考えられるものには二つあり、一つは、情報通信技術（コンピューター、通信）の革命的な発展、もう一つは、行政・社会経済分野における市場メカニズムの活用（規制緩和）である。この情報通信技術革命や民間活力により、気象情報ネットワークとしての社会インフラが拡張・充実し、さらに昨今の気候問題や自然災害の甚大化がこれらを加速してきたという構図として捉えることができる。

天気予報では、観測データを収集・分析し、予報を作成し伝達するが、1990年代からの情報通信技術の革命により、さまざまなデータを大量に収集、短時間で解析、高度な数値予報技術を駆使し、種々のメディア（伝達手段）を通して利用者に届けられるようになった(1)。同時に、1980年代後半から世界的な潮流となってきた規制緩和等(2)により、日本では1993年に気象業務法が改正され、国の機関と同様に、民間気象会社（気象予報士）による気象予報が可能となった。またインターネットやモバイルの普及により、利用者との直接交信も盛んになり、民間事業者（ビジネス）向けの気象サービスも開発され、さまざまな事業活動の経済性に貢献する気象ビジネスが興隆し、民間気象会社による気象情報のネットワークやデータベースが整備されてきた。行政による気象情報と相俟って社会共通インフラが形成されてきている。

このように気象情報は、国民の共有すべき基盤的財産であることに相違はないが、国家行政により作成・伝達される「制度」から、行政・民間機関・市民が相互に協力し作成・交信する「自助・共助」方式へと、社会生活を守る新たな〝公共性〟のステージへ移行してきている。

2 気象業務（サービス）における〝公共性〟の進展

わが国の天気予報は、1875年内務省管轄の「東京気象台」に始まり、気象官署は国と地方自治体の両者によりそれぞれの役割で展開されてきたが、1939年すべて国営化されている。第二次世界対戦後、それは運輸省に移行される。1952年気象業務法制定により新たな気象業務が開始され、1956年、運輸省の外局として気象庁に昇格した。その後、社会・経済の進展と科学技術の進歩とともに、1993年気象予報業務の民間への開放がなされ、今日に至っている。

この気象業務（サービス）の変遷を〝公共性〟の観点から概観してみると、第二次世界大戦までとそれ以降に二分できる（**図3-1**参照）。

第二次世界大戦までは、国家が気象予測技術開発やインフラ構築を行い、その成果を関係機関や国民に伝達していたと捉えることができる。国家行政（体）が、対外的には軍事上の安全保障、国内では民政（防災対策や産業振興）を行政目的としていたためである。国民と扱われる「市民や住民、民間機関」は、気象の変化や異常に対し、行政の伝達（警報など）に従うこと、行政に生殺与奪を預けている状態であった。また、行政の事由で、気象報道管制が敷かれた時期もあった。

〝気象庁〟[3]は、国の行政機関として明治から昭和にかけての80年近くにわたり気象研究・技術開発をしてきたが、第二次世界大戦後には、気象業務が半研究・半業務の段階から業務段階に発展し、災害の予防や交通の安全などの国・地方公共団体の行政に加え、さまざまな社会・経済活動等において、一定のサービスが要求されるようになってきた。具体的には新たな災害対策関連の個別の法整備（災害救助法、消防法、水防法

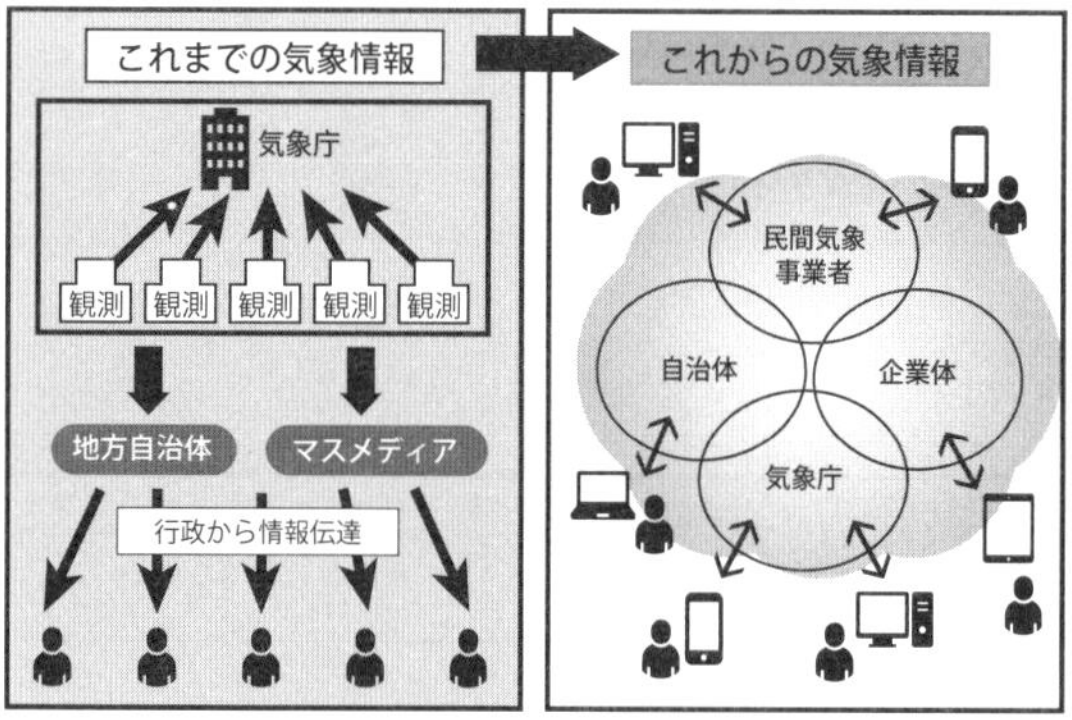

図 3-1　気象情報の「交信」（イメージ）

等）に伴い、災害防除のための気象警報通報組織を整備し、気象予報規定（天気予報、警報、注意報等）の実施要領を策定すること。戦後、産業振興による気象業務への要望の増大に対応すべく、国以外の気象事業体制を設けること。国際的な世界気象機関（ＷＭＯ）等への加入による関係条約の履行のため、国内制度を手当することなどである。このような背景や要請に応えるため、１９５２（昭和27）年、「気象業務法」(4)が、制定された。その後、１９９３年の改正により、気象予報は気象庁の専管業務から自由化され民間でも可能となり、また気象庁の保有する気象予測に必要な国内外の観測データや計算結果も全面的に公開（開放）されている。このような条件下、市民や民間機関は、通信ネットワークを活用し、各主体（国家行政、地方自治体、民間機関、市民）と相互に、気象情報（観測・予報）や対応策を交換・交信することが可能となり、気象からの影響や災害に対し、各々自ら判断し最適な対応策をとることができるようになる。すなわち、主体的に自らの生命と財産を守るというステージへと、気象業務での〝公共性〟は進展している。これは、「制度」から「自助・共助」へのステージの展開といえよう。

世界における気象業務サービスの動向：ＷＭＯにおける状況(5)

また、国際機関である世界気象機関（World Meteorological Organization：ＷＭＯ）も、気

象予測の充実・精度向上を目的に、地球を取り巻く多くの国との連携に取り組んできている。

世界気象機関（ＷＭＯ）は、世界の気象事業の調和的発展を目的として、１９５０年に世界気象機関条約に基づいて設立され、翌１９５１年に国連の専門機関の一つとなった。日本は１９５３年に加盟し、２０２３年4月現在、１９３か国がその構成員である。

大気に国境はなく、さまざまな気象現象は国境を越えて各国に影響を及ぼすことから、全球規模で、統一された方法による大気や海洋の観測、観測データや予測データの迅速な交換・共有、高度なデータ処理に基づく気象情報の作成・提供が必要となる。これらの要件が整うことにより、世界の国々が、効率的で効果的な気象業務（精度の高い天気予報や防災情報等の提供）を行うことが可能となる。

一方データ交換に関する考え方は、実際は加盟各国で異なる。自国で所有する気象データを基本的に公開する国もあれば、気象データを販売して利益を得たいと考える国もある。そのような背景のなか、ＷＭＯは１９９５年に開催された第12回総会で、気象データの国際交換に関する基本的な方針（データポリシー）を採択し、各国はこのポリシーを踏まえて気象データの国際交換を推進してきた。

21世紀に入ると、気候変動や異常気象、またこれらを原因とする災害が社会経済に及ぼす影響が重大化してきた。ほぼ時期を同じくして、観測技術や通信技術、数値予報技術などの科学技術が進展し、気象業務に利用可能な観測データが拡充され、従来のデータポリシーを見直す必要が生じてきた。これに対応し、2019年、世界気象機関（WMO）、世界銀行およびGFDRR（Global Facility for Disaster Reduction and Recovery）は、プロジェクト（Public and Private Engagement in Hydromet Services）で提言の端緒を切り、続いて2021年10月、WMOは臨時総会において、気象に限らずさまざまな分野も含めたデータの国際交換を検討し、WMOの新たなデータポリシーが採択された。

この新データポリシーでは、気象・気候・水文・大気組成・雪氷圏・海洋・宇宙天気の7分野が対象となっている。あらゆる気象業務の基盤となる全球数値予報に必要不可欠な観測データと全球数値予報による予測結果（プロダクト）とに制約を付けずに世界的に共有することを目的とし、各分野における国際交換されるべきデータの要件が定められた。

また、具体的な促進策として、公的部門・民間部門・学術研究機関の連携、また資金提供の仕組みも提言された。

3　日本における気象業務サービスの展開(6)——先駆的取り組み

気象審議会の答申にみる気象業務サービスの先駆的取り組み

ＷＭＯにおいて１９９５年に提唱され、２０２１年に増進された「統合データポリシー」および社会経済の進展に伴う「官民学の効率的な連携と役割分担」については、日本では、世界に先駆けて提言され実施されてきている。

１９９２年、気象審議会は、「社会の高度情報化に適合する気象サービスのあり方について（答申18号）」を取りまとめた。この答申では、情報等に関する社会基盤の整備が進み、国民の情報に関するニーズは多様化しているとして、気象情報に関しても国民の要望に応じた気象サービスを実現するため、気象庁以外の民間気象事業者や関係機関に対しても天気予報等の業務を開放し、国民の多様で個別的なニーズに応える気象サービスの仕組みを構築するよう求めている。

さらに２０００年、気象審議会は第21号答申として、「21世紀における気象業務のあり方」を取りまとめている。この答申は、気象情報は、国・地方自治体等の防災関係機関における災害対策・危機管理に直結しており、国の基盤的な財産であるとの認識のもとに、わが国全体としての総合的な気象業務の発展を求めた。具体的には、数値予測モデルのシステム工学の高度化、観測システムにおける各機関との統合・融合化など、気象庁、大学・研究機関、防災関係機関並びに民間部門との連携・協力の強化が重要であるとしている。

気象情報等の観測のネットワーク化

気象業務の範囲については、大気・海洋・陸域のすべて、自然現象を包括的に取り扱うこととしており、これは国際的にも日本の気象業務の際立った特長となっている（**図3-2参照**）。

また、世界気象機関（WMO）や国際民間航空機関（ICAO）などの国際的な枠組みの下で、船舶や航空機に対しても、観測データの空白域となる

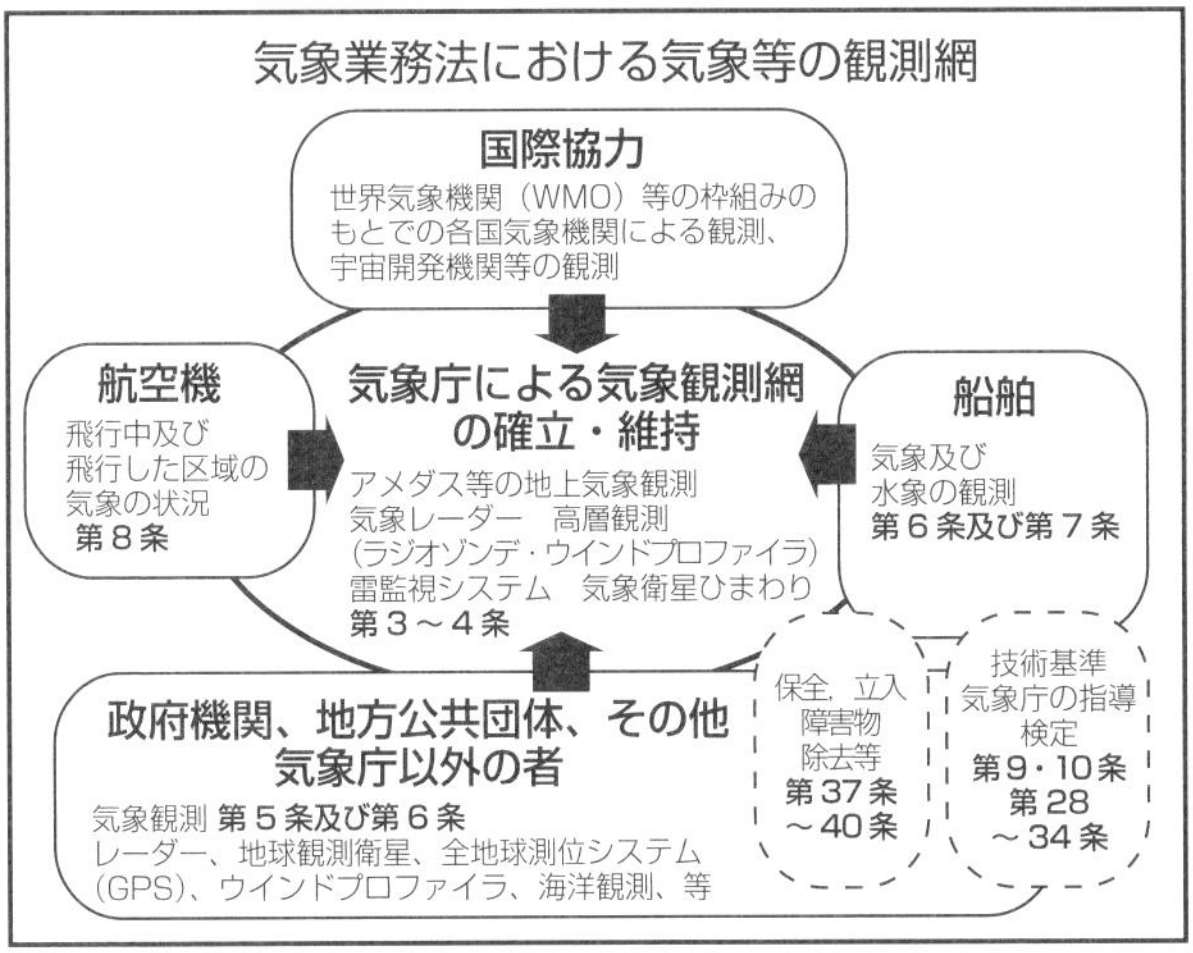

図3-2　気象庁を中軸機関とした気象等の観測ネットワーク
（出所）羽鳥光彦「気象業務法等の沿革―法制度から見た特徴とその意義」気象庁『測候時報』第83巻，2016年より作成

海上や航空路上の水象や気象の観測、加えて国内関係機関等気象庁以外の者による気象観測について、WMOの基準に準じて一定の品質を確保し、調和のとれた観測ネットワークとするための制度を設けている。

さらに2000年前後より情報化・デジタル化が進み、(現)国土交通省水管理・国土保全局、地方公共団体等と気象庁とのオンラインによる観測データの交換が急速に進められてきた。

天気予報の自由化

1952年に制定された気象業務法には予報業務許可制度が導入され、気象庁以外のものも気象庁長官の許可を受ければ予報業務を行うことが可能となった。しかしながらこの段階では、防災気象情報および一般への天気予報等の情報は、気象庁が一元的に作成し発表する体系となっていた。民間気象事業者は、気象庁長官の許可を得て、特定個別企業等へは「独自予報」を行えたが、しかし、テレビの放送など不特定多数向けでは、気象庁の発表する天気予報をわかりやすく解説することに限られ、一般への独自の天気予報の提供を行うことはできなかったのである。

この天気予報の真の自由化に当たって1993年、気象庁と民間気象事業者・関係機関との役割を明確にする必要があるとの観点から、気象庁の役割は以下のように定められた。

①防災気象情報は、行政機関の責任によって発表されるべき重要な情報であることから、引き続き気象庁が一元的な提供の責務を担うこと。

②ナショナルミニマムとしての一般向けの天気予報に関しては、精度向上のため数値予報などの高度化を進める。

③気象予測に必要な気象学的知識と資料解析等に関する技能を保証するため気象予報士制度を導入する。また気象庁が保有する各種気象情報をオンラインで提供し、気象庁の技術情報を開示する制度を設け、民間気象業務支援センターを開設する。

4　気象業務における公的機関の役割と民間気象事業の効用
―新たな公共性に向けて―

気象機関（国）と民間気象事業者等との関係については、国によってさまざまな対応が行われている。米国のように基本的に自由な環境で民間が活動を行う国、日本のように最小限の予報に関する規制はあるものの自由な国。さらには、欧州等の気象機関のように自らが個別企業等との契約による営利事業を実施している国も多い。

このような背景には、1980年代以降、各国の行財政はともに厳しい状況にあるが、ナショナルミニマムの水準や、市場メカニズムの考え方などに相違がある。（わが国の）気象庁は真に国民が必要とする重点課題を明確にするとともに効率的な運営が求められ、災害時などにおける基本的な気象情報（警報）の伝達などに絞り公的機関の役割としてきた。

このような状況を受け、民間気象事業者は市民の多様で個別的なニーズに応え、個人および企業向けのサービスを開発し拡大してきた。企業活動の効率化やリスクヘッジなどの観点からも、こうした動きは今後さらに高まるものと思われる。

①公的機関の役割

警報（防災気象情報）の公的機関への一元化（"Single Authoritative Voice"）(7)

防災対策は、国民の生命・財産を守るための、行政の最も重要な役割の一つである。防災情報と密接な関係をもつ気象情報が、行政と民間の気象情報プロバイダーで複数共存する場合、内容が異なる一貫性のない警報が発信されることも想定できる。社会に混乱を引き起こすことのないよう、警報発令の権威者を一人に絞る、あるいは警報発令者間の連携を強化することが必要である。

わが国では、予報業務許可制度の創設時に、官民の役割分担を再確認し、警報等の防災気象情報については、気象庁（国）から一元的に提供すること、またこの警報等の一元情報を、政府関係機関・自治体、報道機関、予報許可事業者（民間気象事業者）などからも、市民（国民）へ伝達することとしている。

公的機関による気象インフラの費用負担

気象情報は、国民の生命と財産の安全、国民生活の向上や気象学の発展のために不可欠であり、国民の共有すべき基盤的財産（以下、共有財）と位置づけられることから、気象情報の収集・加工・提供に関わる費用は政府が負担するべきと考えられている。

ただしこの見解は二つに大別され、公的機関で収集・加工した気象情報を市民や民間機関が使用する際の対価性は、気象情報は共有財であることから無料であるべきという意見と、共有財を活用するに当たって発生する必要な経費に関しては利用者の負担も考えられるのではないか、という意見がある。

日本の「民間気象業務支援センター」では、後者の意見を採用している。情報提供を行うに当たって、センターの運用に必要な経費に関しては、利用者の負担とすることとしており、利用者の応分の負担を公平に求めた情報提供体制を構築した。現在では、新たな事業者の参入も含め、民間気象事業者の公平かつ創意のある競争により、多様な気象情報サービスの展開へとつながっている。

②民間による気象情報ネットワークの生成—気象情報のビジネス化

「気象情報は、WEBの検索サイトを通じて無料で入手できる情報」、と一般的にはなりがちである。これに対し企業向けサービスでは、単に気象情報を伝えるのではなく、気象の変化と顧客の事業との相関関係を分析し、気象状況に応じた対応策を提案することにより、顧客の経済性最適化を図ることで、ビジネス化（マネタイズ）している。例えば、海洋分野で、海運会社の船舶向けに航路選定のコンサルを行うなど、気象との相関が最も高い交通（航海、航空、道路、鉄道）分野を始め、さまざまな分野の産業に対して対応策情報を提供している。この顧客との商議から、各顧客の所在地の気象観測データが把握され、各産業の気象リスクの情報も検討され集積されていく（図3-3参照）。

また、個人・メディア向けでは、特に、各モバイルキャリア（docomo, au など）の各サイトに、無料で基本情報を提供しているが、有料サイトでは、視聴者ごとの生活応援や興味に沿った固有コンテンツを提供し、顕著な加入者数となってきている。個々の契約加入者に気象コンテンツを配信するとともに、問い合わせ検索もできる、いわば、双方向の交信が実現されている。

ここで特記すべき点は、民間気象事業者は、気象庁を中軸機関とした気象観測データをベースにしながらも、各企業や個人契約者からの観測データを加え、拡張された観測データベースを用いて気象予測が行えていることである。

このように、企業や個人からの気象観測データ、各企業の気象状態に関連した事業情報や各個人からのさまざまな関連情報が収集・集積され、さらにこれらの情報を、気象事業会社と各企業や個々人との間で交配信するためには、情報システムとしてのデータベースやネットワークのインフラ構築が前提となる。

このようなインフラ構築には、公的機関からの拠出ではなく、民間気象事業者が気象サービスのビジネス化により稼得した収益を原資として投資することができる。気象ビジネスが立ち上がれば、その収益をインフラ構築に投資することができ、このインフラの充実により、気象

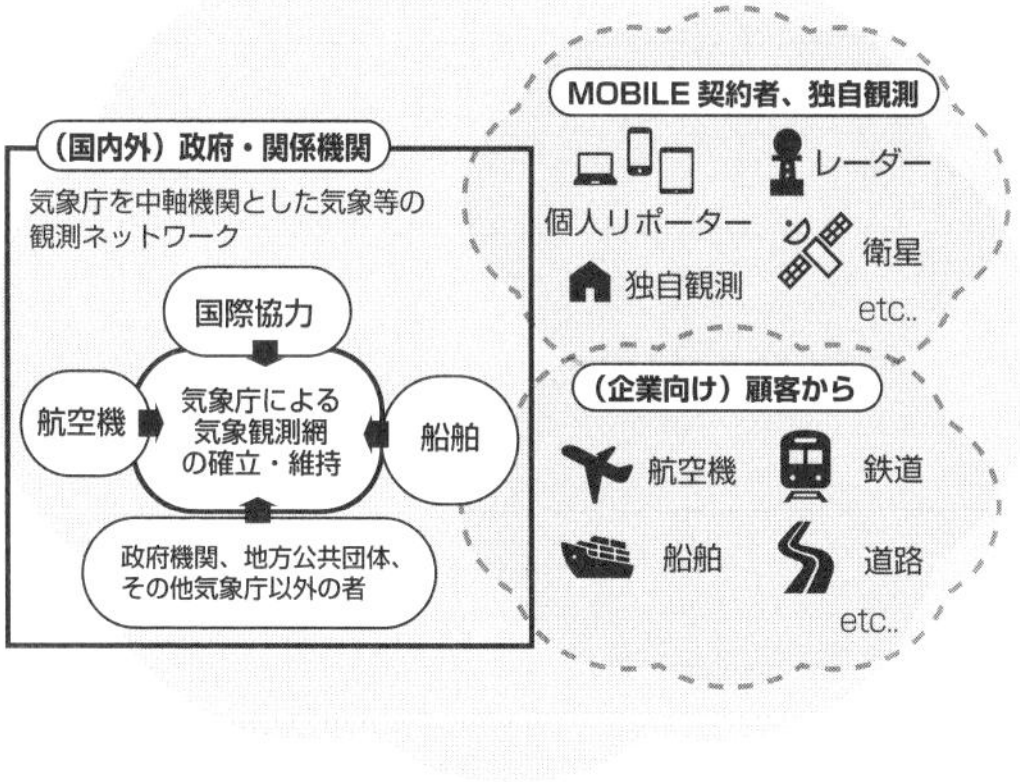

図3-3　民間版気象（観測）情報ネットワーク（イメージ）

サービスのビジネスがさらに拡大するという、気象ビジネスの好循環が形作られてきている。近年グローバルベースでは、民間が主導し衛星観測データを充実させてきており、PPE（Public Private Engagement）を通じて公的機関も期待している。

5　結びに代えて

気象は、すべての市民が生活していくうえで、地球と一体の自然であり運命でもある。この気象の現況や予測の情報は、防災対策のみならず、日常生活や経済活動をするすべての地球市民にとって有用である。古来より人々は、気象の変化に対し、「観天望気」などにより個々人や共同体で情報交換して対処してきたが、近代の科学技術の進歩に伴い、気象情報は国家の専管業務とされ、国民へは行政機関から伝達する制度をとってきた。

近年、情報通信技術の著しい躍進があり、気象予報業務は、民間にも許可（自由化）され国内外の気象情報も公開（開放）されてきている。市民は、行政や民間機関と気象情報を共有（ネットワーク化）し、自ら情報を得て安全に対する選択を判断できるようになってきている。上述してきたように、この営為を、気象情報分野における〝公共性〟と捉えることができる。

社会のさまざまな分野で、このような〝公共性〟の形成が期待できるところであるが、その先駆けとなり得るのは、気象情報ではないだろうか。それは、「気象情報のもつ特質」が故と思料する。気象情報は、使用にあたり他の人や国と競合はなく、交換することにより価値が増す(8)。また、市民が互いに交信することに抵抗が少ないと考えられるからである。けだし〝気象に国境は無い〟との名言のとおり、気象現象は全球規模でつながっている。気象情報は、過去においては、国家、地域ごとに自立し分断されていたが、現在、WMO、各国政府機関や民間機関は連携して、地球規模の気象観測データの収集や分析データの交換、ネットワークの構築に取り組んでいる。気象情報の分野において、地球規模の〝公共性〟が形成される日もそう遠くはないと期待する。

注

(1) この数値予報では、1959年に日本の気象庁でもコンピュータ(IBM704)を導入した。2020年時点の演算速度は、1950年代に比べ、10兆倍と飛躍的に発展している(気象庁ホームページ)。
またメディア(伝達手段)では、通信端末(PC・スマホ等)や通信媒体・インターネット等のネットワークは、その容量・速度・交信頻度において天文学的に進展してきている。

(2) およそ1970年以降、先進諸国においては経済停滞や財政状態の悪化もあり、従来政策への批判として「新自由主義」と称される経済思想が登場し、「小さな政府」を掲げて規制緩和等により自由な経済活動や通貨供給量による政策を提唱した。１９８０年代の英サッチャー政権や米レーガン政権の経済政策に採用されて以来、世界的な潮流になった。日本でも中曽根内閣時、１９８５年日本電信電話公社の民営化、１９８７年日本国有鉄道の分割民営化などが象徴的な事例として挙げられる。

（３）１８７５年設立「東京気象台」以後、名称や所管の変遷はあるが、気象行政機関の通称として使用している。

（４）気象業務法の成立時期からは、第二次世界大戦後のポツダム宣言に基づくＧＨＱ主導による日本の非軍事化と民主的改革の施策が多少反映された部分があるとも推測される。

（５）以下の資料を参照している（すべて、２０２３年5月23日閲覧）。

・World Bank/GFDRR, Power of partnership, 2019（The Power of Partnership_WEB.pdf（gfdrr.org））.

・２０２１年臨時世界気象会議、ＷＭＯ統合データポリシー決議（Res.1）（WMO Unified Data Policy Resolution（Res.1）| World Meteorological Organization）

・気象庁編『気象業務はいま２０２２』２０２２年（https://www.jma.go.jp/jma/kishou/books/hakusho/2022/index.html）

（６）以下の資料を参照している。

・気象庁ホームページ（https://www.jma.go.jp/jma/index.html）

・村上律雄「民間気象会社の歴史と役割」『オペレーションズ・リサーチ』２００４年5月号

・山本孝二「わが国の気象業務の動向」日本気象学会機関誌『天気』２００４年10月号

・古川武彦「国境を越える天気予報」日本気象学会機関誌『天気』2007年5月号
・羽鳥光彦「気象業務法等の沿革─法制度から見た特徴とその意義」『測候時報』第83巻、2016年
・若林　悠『日本気象行政史の研究』東京大学出版会、2019年

（7）世界的にみると法制度上明確にされていない国が多く、発展途上国も含め、警報一元化にかかわる法制度の必要性が認識されつつある。

（8）気象現象は地球の自転運動により「西から東へ」移動し、また近年の数値予測（モデル）では観測ポイントの拡充はその精度を飛躍的に向上させている。

インタビュー・「場」の公共性を考える

地域としての大地性と海洋性からみた「場」の共創と公益性について考える
——熊本阿蘇を事例として

大阪大学大学院国際公共政策研究科　特任准教授
明治大学　兼任講師
岩瀧敏昭

聞き手：藤江昌嗣　2023年9月23日

熊本阿蘇は、阿蘇火山の噴火、地震そして台風による水害など自然災害が繰り返し発生する地域である。その阿蘇で、公益財団法人阿蘇火山博物館の学術専門員としての活動やいくつかの支援活動を行ってきた岩瀧氏は、熊本阿蘇を「大地性の中にある閉鎖性」、「海洋性にみられる開放性」という地域特性をもつ地域としている。さらに、同氏は阿蘇という地域（場）にある独特の人々の動き方や活動の仕組みなどについて、また、それに関連して地域特有のリーダーシップの存在についても意識しながら活動してきた状況があり、その点も踏まえて阿蘇の「民間博物館」を通じて公益性、公共性について聞いてみた。

なお、岩瀧氏は、大学院修了後、経済産業省等の関係団体や企業の役員などを経て、明治大学マネジメント・オブ・サステナビリティ研究所客員研究員、明治大学客員教授を歴任し現職に至っている。この間、各地のまちづくり、地域おこし、地域活性化などに携わってきた。

――熊本阿蘇を取りあげる背景には何があるのですか？

私は、２０１０年以降、地域活性というテーマで多くの地域にお伺いする機会を得てきましたが、その学びの中から、それぞれの地域（場）には独特の人々の動き方や活動の仕組みなどがあることに気づき、今は、それに関連して地域特有のリーダーシップの存在について研究を進めています。

このような活動の中で、熊本地域にも十年以上関わりをもち続けてきました。特に公益財団法人阿蘇火山博物館の学術専門委員という立場や地元企業に対する支援活動を行う中で、熊本地震、台風等による集中豪雨、阿蘇火山の噴火などの自然災害やコロナ禍で観光客の大幅な減少などに対応してきた地元の方々と一緒に、一喜一憂してきたところです。

また、この経験を通じて、地域を知るには、上からの演繹的なものの見方より下からの実証的な積み重ねを重視すること、生身の人間の証言に遭遇することが重要であるとの思いを深め、まずは、地域（場）に身を置き、単なる数字だけではわからない何かを感じるということを大切にしているところです。ここでは、そのような点もふまえて述べてみたいと思います。

——阿蘇地域の「場」「空間」としての特徴は？

熊本阿蘇についての地域の歴史や地域構造を知っていただくために、二つの前提となる自然環境のお話をさせて下さい。

一つは、９万年前（ＡＳＯ－４）におきた巨大火砕流噴火以降も、阿蘇火山が不定期ではありますが、今も噴火を続けているという事実です。最近も約二年から三年くらいの周期で噴火が起きていますが、この噴火の圧倒的な事実（リアリティ）は、この地域を語るうえでは重要なものとなります。

何万年前から続く火山活動とその火山がつくったカルデラの中に住む人間とのかかわりを考えますと、改めて、火山との向き合い方や、その実践は「単なる行動」ではなく組織化され、身体化され、物質的に仲介された一連の人間活動として理解すべきと思いますし、山に暮らす人々に共有された歴史と、その裏側にある緊張感を火山は常に人々に求めていることを知らされます。

もっともらしく言っていますが、残念ながら現在の火山学等では次の巨大火砕流噴火

【阿蘇火山カルデラ地域の全景】

東西 18km，南北 25km，周囲約 110km，世界最大級の大きさを誇る阿蘇カルデラ内には約５万人の人々が火山とともに生活している。

（出所）写真提供：阿蘇火山博物館

（ＡＳＯ－５）が起こるかどうかを予測することは難しいようで、簡単に言えば、一旦大きな火口から予測できない火柱と噴煙が数千、数万メートルまで立ち昇りますと、私たちは無力な哺乳類であることを思い知らされるということです。

もう一つの視点は水です。熊本県は九州山地の西側にあたるため東シナ海から入ってくる暖かく湿った空気が入りやすく、大雨や集中豪雨が発生しやすい地域で、年間降水量をみますと阿蘇の山間部は約三千ミリ以上の雨が降る地域です。

この雨はもちろん阿蘇の山々に浸み込み、やがて１０００ヶ所以上の湧水として恵みの水になりますが、一方でいわゆる集中豪雨時には土砂災害などに繋がり、毎年の台風の季節には地元の人々はその進路に常に気を使わなければなりません。

この二つの自然の驚異は、一方で豊穣な大地が生む農産物や観光資源として評価され、また、浄水が豊富に活用できるといった利点から、半導体工場などの多くの企業(工場)誘致を生み経済効果をもたらすなど、多大な恩恵もあるわけです。

このような阿蘇の自然環境から見え隠れする阿蘇地域について、「大地性」と「海洋性」の観点からテーマである「場」の共創と公益性について考えてみたいと思います。

――大地性と海洋性については?

私は哲学の専門家ではありませんので、その点は前もってお許しいただくとして、山本英輔はハイデガー(1)の思索として「人間であるとは、死すべきものとして大地の上に存在する」「大地は歴史的で土着的なもの」(2)という点を提示しつつ、その大地の空間、場について「私たちはある特定の空間・場所に存在することによって、アイデンティティを形成する。ある場所に慣れ親しみ、根づくことによって、その場所はかけがえのない価値や意味を帯び、私の一部となる。空間は、認識の条件であるだけでなく、生存・実存の条件でもあり、さらに私が私であることの条件でもある。」と述べています。

一方で、我々が大地(自然)に触れる際に抱かされる最も素朴な感覚には「何が起こるかわからない」や「意のままにならない」といった驚きがあり、この感覚を突き詰めていきますと、人間の限界に直面する「畏れ」を経験することになりますが、この畏れは歴史的には神話的想像力と結びつきましたし、現在でも一般市民の日常的危機感を少なからず構成する要素になっています。

また、こうした「畏れ」とともに受け止められる大地（自然）は、それが人間的意味の世界の限界を表し、さらに人々がともに生きることの輪郭を形づくってきたとも考えられます（大地性）。

古代からの祭祀は、我が国では政治権力やコミュニティ統合の源泉となっているわけですが、現代でも消費社会に内在する環境問題、老齢化や疾病など身体の自然な限界、自然災害に対する対応の限界など、人が否応なく直面する人知を超えるものとしての大地（自然）は、一方で「人がともに生きるかたち」の再構築を促しているわけで、実はこれが地域においては「自分たちを守る」という排他性、閉鎖性に繋がるわけです。

また、人にはさまざまな思いで大地を想像し地球を考え、その存在の秩序から自然の運動変化を知り理解しようと求めてきた歴史がありますが、時として大地は、その意味的脈絡を解体し、絶え間なく逸脱してくるものといえます。

この逸脱するものの上に、人が生存する（住む）場、空間、建物が存在しており、大地（自然）に対する人間の無力さを知ることから、ともに生きる共助や共創の必要性が生まれ、これが現代的な意味での「公益」の考え方の原点につながるのではないかと考えています。

一方で「海洋性」ということですが、よく海に囲まれて暮らす日本人には行為思考様式として海洋性と称すべき伝統が深く浸透していると言われていますが、実は「海洋」というのは「空間・場所」という観点からみれば、世界中の海が繋がっているわけですから地域性を表現しにくい開放性があるという事実があり、ここで取り上げる海洋性は、先に述べた大地性のもつ排他性や閉鎖性と対峙する開放性の概念として位置づけられると思います。

私の推測ですが、東南アジアにあった「スンダランド」という大陸が温暖化によって水没するなどの理由からいわば住み慣れた大地が示す限界や畏れを感じて、海を越えて新たな大地を目指したという、いわゆる古代の日本人のルーツにみる「海洋性」の遺伝子の影響が、阿蘇地域や熊本の人々の中に色濃く出ていると考えているわけです。

余談ですが、この海洋性をお話しするにあたって、熊本県の旧石器時代の遺跡の多くが阿蘇外輪山一帯や球磨地方にあると言われており、日本列島における人間活動の始まりを知る貴重な遺跡とされています。

さらに、これも私の推測ですが、2019年の国立博物館プロジェクト(3)の台湾からの渡来ルートとみられる約3万年前の航海を再現しようとした実証実験もありましたが、この時代に阿蘇外輪にいた人々は遠く離れた大陸や島々から、いわゆる丸木舟を操って渡ってきたのではないか考えています。

――阿蘇の場における公益性の議論とは？

実は私には、地域の現場感覚として「公益性」と「公共性」とは何が違うのかという素朴な疑問があり、その検討材料として阿蘇火山博物館での「火口カメラ問題」というものがありましたので、その内容を簡単にご紹介します。

【火口付近の写真】

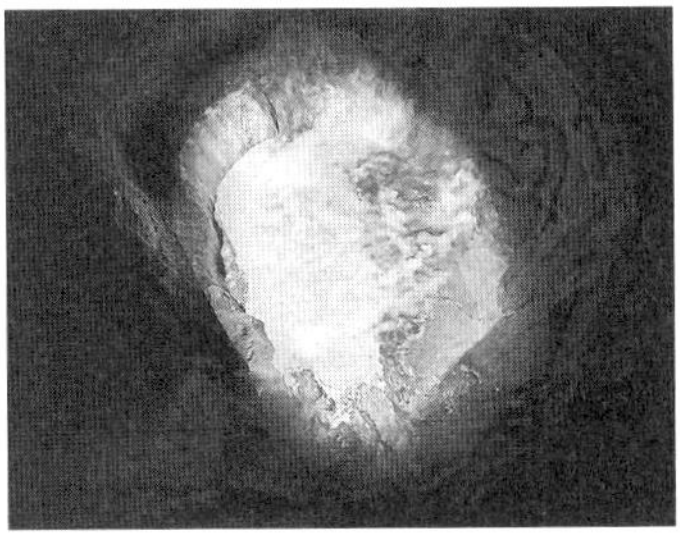

【同日の火口カメラの映像】

（出所）2023 年 9 月 5 日　岩瀧敏昭撮影

このお話を進める前に一般的にはあまり知られていないのですが、活火山法（活動火山対策特別措置法）という法律があり、２０２３年６月に火山災害から人々守るという大前提のもとに、噴火災害が発生する前の予防的な観点から、活動火山対策の更なる強化を図ること、日本の活火山について気象庁や研究機関、大学などが観測や研究を進めている現状がありますが観測、測量、調査研究体制が十分ではないこと、得られた結果や知見を集めて総合的に分析・評価する機能がないこと、火山分野の研究者が少ないこと等の問題点があることなどの理由から改正が行われ、これらに対して是正していく方向性が示されていました。

このような議論のある中で、同博物館では約40年前より、阿蘇火山の火口付近を常時観測する高感度カメラを二台設置し、その映像情報を日常の火山研究に使いつつ、噴火の度合いによっては、環境省や地元自治体とも協力して防災情報として役立てる活動をしてきました。また、それだけでは維持管理の費用捻出が難しいので、博物館内で来館者に迫力のある映像をみせることで観光資源として、メディアにその映像を流すことによって万一噴火が起きた時の報道用にと用途を広げ、少しでもその維持費を得ようと考えてきたわけです。

ところが、熊本地震や直近の火口噴火の影響などもあり二台あった火口カメラが短期間のうちに壊れてしまい、従前から阿蘇火山のことは火山博物館の仕事として頑なに守ってきたものが、単独では修復・維持し続けることがかなり難しい状況が出てきました。

そこで、この問題に対処するために学者やメディア関係者、防災の専門家、地元事業者などが集まって現在検討が行われているところです。

私もその検討メンバーの一人としてその議論の場に参加するうちに、従来から火口カメラのもたらすデータは、人々の安全に直結する公益性のあるものと理解されてきたと思いますが、先ほどの活火山法改正にみられるような考え方があるならば、公益財団法人とはいえ小さな民間博物館が孤軍奮闘して設置し維持管理するようなものなのか、言い換えますと、改めて「公益性」と「公共性」という本質に立ち返って、もう一度捉えなおすべき事象ではないかと考えたわけです。

しかし、現場の雰囲気的には、行政が税金で行えば公共、民間が行えば公益といった大雑把な考え方が先行し、その線引きの難しさを感じているところです。

非営利法人研究学会編の「非営利用語辞典」の中にある公益性の記述として「民間非営利団体の表現する公益性（しばしば「市民的公共性」などとも呼ばれる）は、その複数性、多様性、先駆的な実験性、マイノリティの表現などと深く結びついており、行政解釈による公共性や公益性とは異なる広がりをもつ。このことを前提としないと民間団体は、公益性の独占的体現者である行政施策実現のためのたんなる道具になる可能性がある。価値観の多元性が幅広く存在する現代社会においては、このことは一層重要である。（中略）民間非営利団体をめぐる公益性論は、市民が積極的に公益を実現するための支援に関係するが、公共の福祉論は全体の利益のための個人の人権制約の論理としての妥当性が問われることが多い。公益の実現は、行政の独占的事業ではなく、市民が表現し担う可能性を認めることこそが、現代における民間非営利活動に公益性をめぐる議論の前提となっている。(4)」という内容がありますが、実はこの議論は日本にある博物館法に則った民間博物館の運営等において、よく遭遇する議論でもあります。

今後、これらも踏まえて、さらには先述した阿蘇の「大地性の中にある閉鎖性」、「海洋性にみられる開放性」という地域特性も織り込んで、阿蘇の民間博物館で起きている事例を、多くの方々と話し合ってみたいと考えているところです。

注

（1）マルティン・ハイデガー（Martin Heidegger, 1889–1976）ドイツ生まれの哲学者。主著に『存在と時間』などがある。

（２）山本英輔「ハイデガーの空間論─生起する空間─」『Heidegger-Forum』vol.５、２０１１年　https://heideggerforum.main.jp/ej5data/yamamoto.pdf（２０２３年９月10日閲覧）

（３）国立科学博物館が行った実験航海。今から３万数千年前に、「最初の日本列島人」が成し遂げた大航海を再現しようとする、一大プロジェクト。https://www.kahaku.go.jp/research/activities/special/koukai/about/index.php（２０２３年９月10日閲覧）

（４）全国公益法人非営利法人研究学会編「公益性」『非営利用語辞典』　https://www.koueki.jp/dic/hieiri_248/（２０２３年９月11日閲覧）

第4章

地方企業から公共性を考える

――「ハッカのまち北見市」におけるハッカビジネスを通して

（株）北見ハッカ通商　代表取締役社長
永田裕一

1　はじめに：新しい公共経営（産業育成・支援・協働）
―多様なアクターによる地域開発の可能性

人々がＩＴ社会に生活するようになって、誰もが常に広範囲な情報を得られるようになり、個々の暮らしにもさまざまな選択肢と独自性がもたらされた。地方都市においても、その土地の文化や成り立ちにより住民の暮らしや地域の理想像が多岐にわたり、各行政もそのニーズに応じた効果的な対応を模索している。

一方で、地域内における官と民の立場では、行政がまち全体を見ながら、住民の声を公共経営に反映させようとするのに対し、住民はより狭義な特定の関心事に意識を向け、企業も自らのサービスの提供に注力しなくてはいけない、というように両者の立場には違いがある。

今、企業には人口減少に伴う数多くの障壁が立ちはだかっており、まちの機能を下支えしている企業活動に制約がかけられるようなこととなれば、地域自体の持続可能性が担保されなくなる恐れもある。これを踏まえれば、行政は有用な対応をスピーディーに実装させて行く必要があり、また、民間の方も地域課題が自身に降りかかってくるということを改めて認識しつつ、多様な人々が結びつくことで課題克服に向けた議論が進展する「きっかけ作り」に注力するなどできることも多い。

第1章でふれたように、個人や地域、企業組織のサステナビリティを目指す営為、また、仕組み（制度）の提供においてネットワークを形成し、成員の必要性やその潜在的能力を引き出す営為―ソーシャルキャピタルの形成―が公共性を帯びており、そこには主体のさまざまな組み合わせと取り組みの内容等が創り出されている。これを「新たな公共」の動きとすれば、本章では企業経営（Corporate Management）と公共経営（Public Management）の違いを踏まえつつ、地域課題解決のために地方企業がまちにどう関与し、影響を与えているのかを「民からのうねり」の一つとして、北海道北見市におけるハッカビジネスを通じたソーシャルキャピタルという視点から紹介していくことにする。

公共経営は、弱者保護や自然災害などイレギュラーへの対応や対策が優先すべきテーマとなる場合も多く、より多くの住民の満足度を上げることで重要な役割を果たすが、グローバル化の影響が懸念されながらも、農業の豊かな地域、例えば道内では富良野市のように多様な観光要素との融合を図りながら、まちづくり会社が主体となり中心部の開発とともに誘客策を講じている事例や当地北見の農村地域のように、住民が自発的に花火大会を開催するなど前向きな活動を続けている地域も多くある。

これまでのまちづくりの着眼点は、政策面や技術的側面、あるいはキーパーソンに当てられたものが多く、人々相互の関係性がもたらす変容を期待するような事例は少ない。筆者は、人々相互の関係性がもたらす可能性と多くのステークホルダー（利害関係者）が関与することでもたらされる側面を注視している。そのため、人々の関係性が深まらなければ、期待される変容は起こらないと考えており、自身の関係する観光協会や物産協会などの組織活動では、さまざまな議論の場を創出しながら地域内の関係性構築にチャレンジすることが多い。

地域社会が持続性の高い方向へ変化していけるかどうかは、地域に存在する人々が「課題をどう捉え、どう向き合うか」にかかっている。地方都市の場合、その成り立ちから生まれた地域特有の文化や価値観、そこに暮らす人々の地域に求める理想像も多岐にわたると考えられることから、人とふれ合う機会を多く創出しつつ、相互の関係性を深めていくことや情報共有の仕組みを検討して行くことがさらに重要となるだろう。

2 「ハッカビジネスの活動本拠地」北海道北見市

北見市概観

２０２２年春、観光庁による補助事業「地域一体となった観光地の再生・観光サービスの高付加価値化事業」が年度で延長されたことで、本事業の組み立てに関し、北見市への提案を行った。結果的には行政の対応が間に合わず、次年度への持ち越しとなり、この２０２３年度改めて、新たなまちの観光による活性化計画を策定する運びとなった。

北見市は２００６（平成18）年に1市3町が合併し、本庁を含む4自治区の編成となった。さまざまな組織団体の統合が模索されてきたが、17年が経過した今もそのほとんどが実現できておらず、２０２１年に観光協会だけが協会主導のもとに四つの協会の合併が実現した（図4-1参照）。

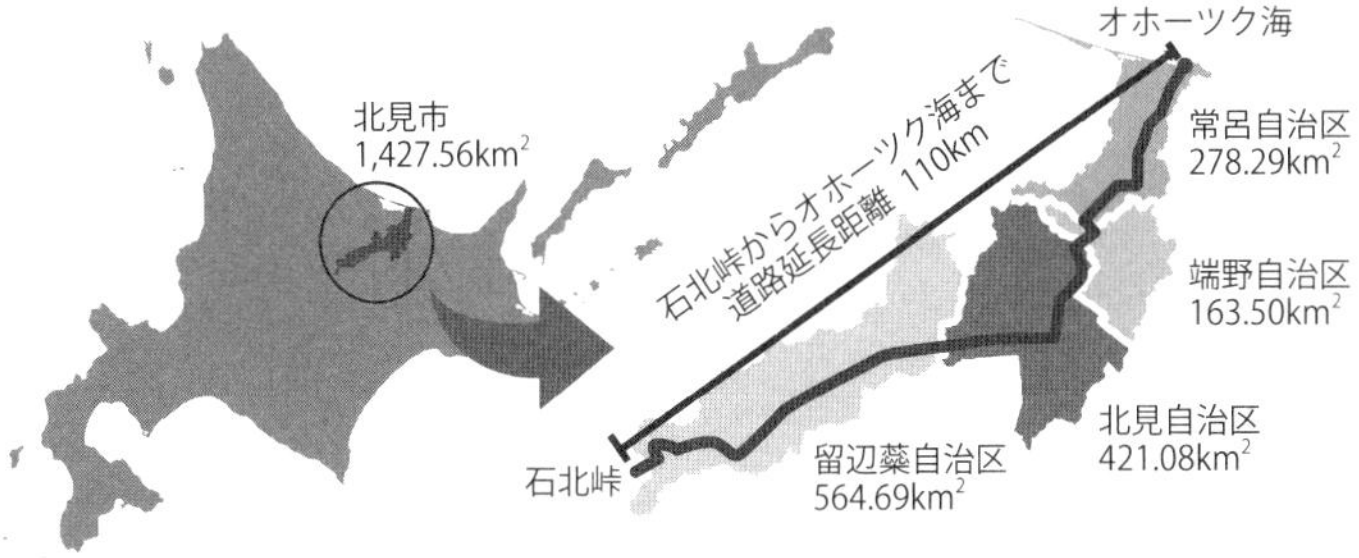

図 4-1　北見市の位置と面積

（出所）北見市観光協会パンフレットより作成

北見市は２０２３年現在人口約11万２千人を有する道東の中核都市の一つであり、道内最大、国内４位の総面積（１４２７・６㎢）は東京都の約65％にあたる広さで、大雪山連峰を望む石北峠からオホーツク海まで１１０㎞の距離は、東京から箱根に相当する全国一の長さである。中心部は、国内３位の面積を誇るサロマ湖にも接するオホーツク海沿岸の内陸部に位置しており、女満別空港にも近い。市内から車で１～１・５時間圏内には、大雪山国立公園、阿寒摩周国立公園など素晴らしい景観に囲まれている。また、北見は盆地で季節的な寒暖差が大きく、夏は30℃超え、冬はマイナス20℃を下回り、メロンやフレッシュな野菜も多く流通するまちである。一方、他の都市と同様に年間１２００人ほどが減少しており、２０４０年には人口が９万人を割ると予測されている。

　北見市では約２万２０００haという耕作地を活用した農作物、オホーツク海とサロマ湖を漁場とするサケ・マスのほか国内有数の水揚高を誇るホタテやカキの養殖等の資源管理型漁業が盛んである。農業では日本一の生産量を誇るタマネギのほか、新鮮な畜肉が流通しているため、焼肉屋の多い街でもあり、真冬の「厳寒の焼肉まつり」は、風物詩となっている。また、市内中心部に道立病院や日赤病院等の医療機関、冬季スポーツ競技に寄与する研究も盛んな（国法）北見工業大学、日赤看護大などもあり、産学官連携も活発である。その他、ラグビーを中心にしたスポーツ合宿も盛んで、カーリング女子日本代表「ロコ・ソラーレ」の2018年平昌五輪と2022年北京五輪での連続メダル獲得により「北見＝カーリングのまち」という認識も全国に広まりつつある。

薄荷《ハッカ》の歴史と北見の関係性

それでは、北見経済の発展を促したハッカ（薄荷＝ミント）について紹介したい。

ハッカ草（英名：Mint）から蒸留して得られる「ハッカ油」と、主成分である「メントール」は、紀元前から健医薬や消炎剤として使用されており、歯磨きやシャンプーのほかうがい薬、貼り薬、胃腸薬などの医薬品、ガムや飴に使用されるなど、世界中で必要とされてきた原料である。

日本でのハッカ栽培は、中国から岡山に苗が持ち込まれて始まったとされており、その

【北見薄荷工場】

（出所）北見ハッカ通商ホール模型画像より

後、関西から群馬、新潟、山形などの主産地を経て、明治30年頃から北海道での栽培が始まった。かつて北見市は、屯田兵や坂本龍馬の甥である直寛率いる高知からの北光社移民団によって開拓されたまちである。その開墾された土地を活かし、この山形から持ち込まれたハッカの苗を増殖させた。大正期には本州での栽培がなくなり、それ以降当地の中心的作物となった。昭和9（1934）年に「ホクレン北見薄荷工場」が建設されると、昭和15（1940）年頃には世界最大のハッカ産地となった。今の北見市の耕作面積に匹敵する2万1000haという面積がハッカで埋め尽くされた。今、日本一の生産量である玉ねぎの作付面積が4000ha程度であるから桁違いだったことがわかる。

なぜ、これほどまでにハッカ栽培が盛んになったかといえば、ハッカの収益性に他ならない。ハッカは、1反（300坪）から四組（一組＝1・2kg）約5kgの収穫があり、当時の金額で40円前後の収入が得られた。畑1反から収穫される穀類が当時100kgで4円（馬1頭で100～120kg）程度の所、ハッカは同８００円、馬１頭分では穀類の２００倍の価格となる荷物を載せることのできる作物だったことで、最終的な荷姿が他の作物とは比べ物にならないほど運搬効率がよかったわけである。(1)

世界相場が当地で動くとも言われた時代、国内のハッカ精製メーカーや仲介業者が当地に集まるようになり、道内有数の繁華街をもつまちとしても成長した。現在の飲食店の多さは当時の名残と言われているが、度重なる戦争と合成原料の開発が進み、昭和30〜40年代から中国やブラジルなどの海外産が台頭し始めるとハッカ産業は衰退の一途を辿った。

「北見ハッカ通商」の歴史

「北見ハッカ通商」は、世界に誇った北見薄荷工場が閉鎖された翌年（１９８４年）、これを引き継ぐようにして、筆者の祖父が、経営する永田製飴（株）から独立創業した。１９２１（大正10）年創業の１００年企業の永田製飴（株）に対し、わが社は２０２４年にやっと40周年を迎える若い企業である。

自社の創業当時は、国内経済がバブル期に沸く中にあり、斜陽産業に向かうことに対し「今さらハッカか」という声が多くあったが、世界一のハッカ産地であったことを風化させてはならないという思いから起業に至っている。当初は「天然ハッカ油とハッカ飴の２

本柱」で事業を展開し、道内では観光地、道外にも市場を広げようとデパートの物産展、その他イベントに参加しながらユーザー獲得を目指した。その一方で、ニーズなど全くない中での市場開拓は容易ではなく、経営が軌道に乗ってきたのは、創業から十数年以上経過してからのことであった。２００１年新社屋に移り、製造能力のアップした環境で再スタートを切ると、10年後に札幌に拠点を、２０１３年には農業生産法人を設立し、２haと小規模ながらもハッカの自社栽培にもこぎつけた。

この頃から地場原料を活用した製品開発が進展し、受注が増え始め、本社・工場の規模に伴い２０１９年に、３軒目の社屋が完成した。これと同時に北見工業大学に「HAKKA LAB」を開設、さらに、筆者も委員として参画していた2年にわたる市の策定会議の中で、北見市の観光推進テーマが「ハッカのまち北見」となった。富良野市が昭和30年代からラベンダー栽培を行い、これをテーマとした観光戦略を打ち出し半世紀が経過したなか、北見では、ハッカ工場閉鎖以降、多くの先人による世界一のハッカ史が再度まちの顔となるまで40年近くも要したこととなる。

3　まちづくりとソーシャルキャピタル（社会関係資本）

さて、ビジネスを通した公共性を考えるうえで、まずは自社の立場を明確にしたい。筆者が今、経営に重視するのは、永続を目的とした「安定」、獲得した利益の「分配」、あわよくば「成長」である。そもそも企業は「利益」を生むこととその最大化をテーマとしており、消費者ニーズに見合ったより多くの欲求を満たすことができれば、最終的により多くの利益を確保することができる。そうして、企業が成長すれば、より多くの人材も必要となり、まちにとっても住民の流出を防ぐための有用な効果が期待できるし、結果的にはまちにも活力がもたらされる可能性も高くなる。

しかしその逆に、素晴らしい商品を作っても販路がなければ利益を得られるとは限らない。また、成長のタイミングと投資を見込んでも恒常的に収益性が下がっている状態では、チャンスをつかみ取れない場合もある。だからといって「現状維持でよい」という考えになってしまえば、目減りの一途を辿ってしまうし、成長や安定化のための投資も怠れば、まちへの寄与どころか自社の将来も危うくなるだろう。企業経営においては、毎年の収益が担保されておらず「資本」が安定しないことに、将来を不安視させる要因がある。

少子化の波が地方企業の立場を一層危うくさせているなか、自治体も、市民からの要求に対しても効果的に対応しようとしているものの、課題対応へのスピード感に欠けることは否めない。自治体経営は、企業と同様に資金がなくては運営できない一方で、国から交付税が手当てされる点で企業の立場とは大きく異なっている。そこで、鉄道や道路、トラック輸送などのインフラ（社会資本）はもとより、地域課題解決のために行政、市民（住民）、また、企業、民間組織がネットワークをつくり、それぞれの立場から課題解決のための知恵やマンパワー、資金について具体的に創意・工夫することが大切となる。この点で、ソーシャルキャピタル（社会関係資本）という概念がとても重要になってくる。公共性を考えることにもつながるものであり、以下で詳しくみていこう。

ソーシャルキャピタルの創出と活用

筆者はまちづくりにおける視点として、地域当事者の意識や課題に対する抽出能力、あるいは、課題の共通認識化の必要性や人々の相互関係にある「信頼・互酬性・ネットワーク」がもたらす、いわゆる「ソーシャルキャピタル（社会関係資本）」の有用性を重視している。

ソーシャルキャピタル（以下ＳＣ）は、社会学で生まれた概念で、筆者が学んだ公共政策の中で最も興味をもった分野である。わが師も「１９９０年代に入り、開発のための資本として注目されるようになり、持続的な開発や援助による社会構造の変容に関する議論にも結びついている」[2]としているが、SCは人や組織間のネットワークにおいて活動を円滑に行うために不可欠な要素で、筆者の経験上でも顧客（取引先）との信頼関係などは、企業にとっても生命線である。社内でも、社員同士の良好な信頼関係があれば、作業がスムーズに運ぶであろうし、より密な個人的関係性も生まれるかもしれない。また、「お互い様の精神」はコミュニティの維持に寄与し、人々が相互に目配せできる環境があれば、犯罪抑止にも効果が期待される。

さて、SCには、機能面に注目した「内部結束型」と「橋渡し型」概念がある。「内部結束型（Bonding Social Capital）」は同質な者同士を結びつけ、コミュニティなどのグループ内の結束を強化させる一方で、内向き傾向の強い「仲良しグループ間」では堂々巡りが起きやすい。他方、「橋渡し型（Bridging Social Capital）」は、異質なもの同士を結びつけ、特にグループ外の他集団とのフォーマルな制度や組織との連携を強め、経歴が異なる人々を繋ぐネットワークのため、外部情報へのアクセスを増やしグループ間の交渉能力を向上させるなどのメリットをもたらす。また、この二つのSCは補完関係にあり、「内部結束型」の強い社会では「橋渡し型」が弱いという関係性にある[3]。

ロバート・パットナム（Robert D. Putnam）は、接合型の強さに関し「Bonding Social

Capital」を強力接着剤とするなら「Bridging Social Capital」は潤滑剤だと表現している。[4]このように、ＳＣの概念は経済、教育、福祉、健康など、生活のあらゆる分野に影響を及ぼすものとされている。行政のパフォーマンスでは、自治体の合併後、まちにある組織同士の統合が進まないという側面がまさに「内部結束が強い状態」を示した一つとしてわかりやすい。パットナムが示すように、まちづくりにおける時々に見合った有用なＳＣが機能する「場」が醸成されるなら、さまざまなアクターを交えた議論もより大きく進展する可能性が高いだろう。

4　企業とまち・成長のテーマ――ソーシャルキャピタル（ＳＣ）の創出

公共とは、さまざまなアクターが絡み合う中に醸成されてできた形、我々の日常生活そのものを指すようにも感じる。

当社では、社会への「意識向上」を根づかせようと、毎日、会社の代表メールで社長から社員にさまざまな情報・メッセージを配信している。その内容は、営業マンであれば外回りに必要な情報や常識、日々の報告・伝達事項、地域や国内外の経済情勢など会社にも関係する話題でその見解も合わせて伝えている。出張中の社員も地元の話題や天候なども確認することができる。さまざまな立場を想像できるよう有用な情報を得て考えることは、私生活における選択や判断にも、少なからず影響をもたらすことができるだろう。

メールの内容が各々に関係するかどうかは受け取る側次第だが、今社会で起こっていることに対しどのような問題意識をもつか、私自身を含めた日々の訓練の一つとしても継続している。また、コミュニケーションの姿勢として伝われば、社員との関係性を構築するうえでも有用であると考えている。

当社は、〈企業とまち・成長のテーマ〉として、従業員には、働いてみたくなるような会社となること、また、まちの観光への寄与という点を出発点に、北海道を広域的な地場市場に変える取り組みを意識し、自社事業の高付加価値化とソーシャルキャピタル（以下、SC）の創出を目指している。紙幅の関係ですべてについて触れることはできないが、そのいくつかについて触れておくことにする。

人材採用のイノベーションと新たな取り組みの創出

中小企業が新陳代謝を進めて行く中での人材確保においては、彼らを惹きつけるだけの環境と優位性をもつ必要がある。当社はバブル崩壊後から長く疲弊した時期を乗り越え経営が安定化してきた。しかし、安易な採用には動かない。会社業績の悪化による人員削減は行わないという姿勢でいるなか、ありがたいことにこの10年、入社3年未満の離職者も試用期間中を除きほとんど出ていない。コロナ禍では、目先に追われることのない時間を十分に与えられたことで、新たな事業展開や将来の人材不足を踏まえつつ意志をもった増員を続けてきたところである。

今、進めているのは、より大きな都市からの人員確保であり、実際に札幌支店の入社を中心とした関東からのUターン人材が増えている。また、一家での移住を決断した社員家族や本社勤務を希望する者など、これまでのイメージとは明らかに違う反応も起き始めている。

この要因として考えられるのは、2019年にオープンした新社屋に込めた将来への期待が、会社と従業員双方のモチベーションに寄与したという側面である。個々の生活への安心感も広がるだろう。それが長期的に維持されるならば地域にも寄与するはずであり、やはり働く環境の充実度合いは重要な側面である。

生活のインフラ（ハード）としての空き家の有効活用

福利厚生の拡充によるU・Iターン人材の雇用創出という点では、現在当社では、福利厚生施設拡充のための空き家を改修した社宅確保に取り組んでいる。将来への人材確保に寄与するものとして注力しており、さまざまな家族形態・家族構成に見合ったタイプの住宅を格安で貸与している。

地方の「資本」を得る仕組み―ふるさと納税

ふるさと納税も地方の「資本」を得る仕組みとして重要である。総務省によれば、2021（令和3）年度のふるさと納税による寄付総額は8302・4億円と、前年度6724・9億円を大きく上回り過去最高を更新した。(5) 北見市の予算額規模は755億円強(6)あるなか、ふるさと納税の寄付額は2021年度が約6・4億円、2022年度が19億円強であった。(7) 同じオホーツク管内の紋別市の152億円にはほど遠い。(8) 2008年に始まったふるさと納税制度は、まさに人口減少地域における地方創生策であるが、北見市における本制度の運用がスタートしたのは2015年。筆者が会長を務める北見物産協会が立ち上げに関与し始まったもので、「やっと腰をあげたか」と感じたものであるが、ここにきて「ロコ・ソラーレ人気」に拍車がかかり、五輪でのメダル獲得の度にその人気のもとに寄附額が増えて来た。現在の人気は圧倒的に魚介類であり、関連企業が大きな恩恵を受けているなか、その他、地場製品の売り出しに積極的な企業に対し行政が声をかけ始めたのは、ここ数年のことである。重要なのは資本を生み出すことへの反応や意識、作業に対する優先

【北見ハッカ通商 新社屋】

順位の付け方などの根本的な考え方が行政と企業とでは全く異なっているという点である。今後の人口減少による影響を受けるのは地域住民や企業であり、それを認識すれば、国からチャンスを与えられているうちにより前へ進むべきだろう。

建物・空間―まちの施設「きたみんとホール」

オープン・ファクトリーとしてオープンさせた現社屋は、製造風景を自由に見学することができ、1階ホールにはショールームほか、北見ハッカの歴史やその他展示物からハッカについての知識を学ぶことができる。ホール吹き抜け空間は、パブリックビューイング、その他イベントホールとしても機能しており、最近では小中学校の修学旅行や留学生ほかさまざまな見学依頼が増えている。また、無償で開放している研修室は、団体・組織の会議の場としても大いに活用されている。

働いてみたくなるような会社へ、まちの観光への寄与

製造部門においては工場の拡張を契機として、ハッカ油製品の製造が機械化され受注量に比例した増員体制から脱皮することができた。さらに機械化のメリットとして、入社間もない新人であっても容易に作業に取り掛かれるという側面も得ることとなり、臨機応変な人員配置が可能となった。一方、効率的な作業を行える製造ラインも故障時や停電など非常時に機械を動かせなくなるというデメリットが発生する可能性もあり、その場合人力に頼らざるを得ないことから、この対応として、非常用電源の設置と自家発電システム構築の計画を進めており、近隣住民への避難場所としても機能させようと環境整備を急いでいるところである。

現在、さまざまな人々が社屋を訪れるようになり、企業の新たなイメージコンセプトである「チョコミントカラー」に対しても好評価を得ており、ハッカ史を繋ぐ自社の役割にも広がりが出てきている。

ソーシャルキャピタル（SC）の創出とさまざまなアクターとの取り組み

①「北見ハッカ研究所」の創設―栽培における課題解決の取り組み

ハッカという当地の地域資源が枯渇に向かっていたなか、2000年に入りハッカ栽培

の復活を目指した取り組みを始め、2013年には「北見ハッカ研究所」を立ち上げ、徐々に増反してきたが、ハッカ工場の閉鎖以来、盛んに行われていた国内外でのハッカ研究も皆無となり、品種改良はおろか、ハッカ栽培における農業機械の開発も全く進まなくなっていた。ハッカ栽培はその管理の多くを手作業で行っていることから、増反したくとも自社だけではなかなか進まず、契約栽培の引受け先もほとんど見つからないというのが実情であった。玉ねぎを中心とした豊かな農業経営が行われている当地では、わざわざ手間のかかる薄荷栽培に関与しないという事情にも察しがつくが、手作業中心の栽培からの脱却が大きな課題となっている。この点でも従業員はもちろんのこと、ソーシャルキャピタルの創出も重要な課題となる。

②北見工業大学共同研究講座「HAKKA LAB」の取り組み

長年止まっていたハッカ研究の知見を得るために、2016年頃から北見工業大学との共同研究を進めてきたが、2019年に北見工業大学初の共同研究講座「HAKKA LAB」が開設された。

ラボの活動テーマは、「ハッカの通年供給体制の構築」、「機能性を重視したハッカ製品の開発に向けた研究」であり、現在「ハッカ水耕栽培」を始め「生葉からのハッカ蒸留法」などの課題にも取り組んでいる。すでにハッカ草の蒸留後に副産物として得られる「芳香

【共同研究講座設置に係る共同記者会見（2019年）】

蒸留水の再利用」なども実用化されており、地域内にある道立の研究所や他の研究機関からの協力もあり、多くの知見がラボ内に入り始めている。こうした地道な活動からハッカ栽培が効率化されコストが下がれば、自社だけでなく農家との契約栽培も具現化される可能性も高くなり、より多くの地場原料確保や農地の休眠地対策にも寄与することとなる。

また、共同研究を始めた当初からハッカ研究に関わっていた院生が当社へ入社し、いま大学とのパイプ役を務めている。

③明治大学との取り組み

２０１０年から始まった、明治大学経営学部藤江昌嗣ゼミの北見合宿は、すでに十数年にわたり継続している。コロナ禍を除き、例年、８月後半に行われ、これまでに２００人近いゼミ生が当地を訪れた。当地への転勤や、百貨店社員としての再会があった

【明治大学藤江ゼミ北見合宿 ADVICS カーリングホール（2018 年）・ハッカ畑除草作業（2017 年）】

り、取引先に勤めるゼミ生の親御さんから「当時息子がお世話になった」とメッセージをいただくなど、卒業後も随分と接点がある。

北見訪問は、地方都市の地域中核企業の生きかたやハッカ産業やその歴史・さまざまな知見を得るという意義が大きい。また、普段関わることのないハッカ畑での除草作業では、暑い中の手作業に重労働を実感できるなど、珍しい体験も可能であり、企業側もまた、これまでのセッションで多くの製品企画提案やディスカッションにおいて、若者の感性を知ることもでき、合宿の準備では関係する社員も大変刺激を受けている。

実際に具体化されたものとしては、「明大生が北海道のハッカ屋さんと作ったなめらかミント」（現在明大マートで販売、通販もあり）があり、10年近くの人気商品である。次頁の写真（右上）はセカンドバージョンである。パッケージには相当な時間をかけて完成した。「メンビス（ハッカビスケット）」のパッケージは、ゼミ生によるアンケート結果を参考に、最終決定したデザイン

【明治大学藤江ゼミが関与した製品の数々】

である。また、「チョコミント・ジェラート」は、ゼミ合宿に試作を提供し、試食会の中で評価を得て製品化に至っている。ゼミ生と受け入れる企業との関係性によって生まれた製品であり、学生の費やした時間の結果が実際の市場に反映されている素晴らしい事例である。

④公共交通への寄与～ラッピングバスの事例

市内路線バス並びに空港線にラッピングを施した当社のバス2台の投入のほか、

札幌へ行こう、ドリーミントで。
北見へ帰ろう、ドリーミントで。
北見バスは創業80周年。
ハッカの街 北見を象徴する
新たなミントカラーのバスで
これからも地域の皆さまと共に走り続けます。
KITAMI BUS

【北見―札幌 都市間バス（ハッカを前面にしたキャッチコピー）】

（出所）北見バス HP より

バス会社自体でも都市間バスにミントカラーに塗装し運行させることになった。バスターミナルや路線バス広告支援の取り組みは「地元のイメージとして良い」との声が多く、市の観光推進コンセプトテーマ「ハッカのまち北見」の具体的PRが可能となり、微力ながらまちの交通手段の維持にも寄与する形となった。今後は、地域に特化した施設を回る「循環バス路線」の実現も進めたい。

5 おわりに―企業の立場から考える公共／さまざまなアクターの絡み合い

現在、自社の業績はコロナの影響から未だ抜け出せておらず、永続に向けた活動に注力しなければならない立場にあるが、まちのよりよい方向への投資には即座に対応し、時間や労力を惜しまないことも多い。自発的な行動は、強制されるものとは明らかに違う満足感や達成感があるからであろう。ただ、あまりに出過ぎると、いわゆる「出る杭は打たれる、抜かれてしまう」ということにもなりかねない。

過去に当地の性質に関し先輩から「出る杭は叩かず、抜きもせず、関知しないまち」という言葉を聞いたことがある。何とも冷たい地元かと思ったが、裕福なまちだったせいか、外部との接触を好まない閉じたネットワーク、いわゆる「内部結束型」の強い社会で「橋渡し型」が弱い社会そのものであったのかもしれない。外向きにはとてもフランクな人が多いにもかかわらずである。ところが今、当地には若い世代のうねりが出始めている。自発的かつ積極的に活動する彼らを行政が巻き込み始めており、まちの機能が好循環してきたように思える。

本章では、企業がさまざまな課題を背負いながら地域内でどう活動し、地域にどのような影響を与えているかを紹介した。日々生活する中では誰かの知り合いとなれば、新たな関係性が深まりやすく、そこからより広い人的ネットワークの形成にも期待がもてる。また対価などなくとも、まちのために動いてくれる人々も大勢おり、そのボトムアップ的な動きが地方都市の持続可能性を高めるきっかけにつながることなど、筆者の経験上の一部分を少し実感していただけたのではないだろうか。

今、我々はその生活環境から経済的豊かさを享受する一方で、そこでの利便性やさまざまな社会サービスは、提供する側の手間と消費者ニーズとのはざまで混乱し始めているようにも見える。北見での各持ち場における地域課題の解決に向けた動き、民からの「うねり」に今後も期待したい。

注

（1）井上英夫『北見の薄荷入門』北網圏北見文化センター協力会、2002年

（2）源由理子「コミュニティに対する開発援助と社会関係資本の関係～インド洋津波被災地を事例として」『ガバナンス研究』№6、2009年、127-152頁

（3）稲葉陽二『ソーシャル・キャピタル入門―孤立から絆へ』中央公論新書、2011年、31-32頁

（4）パットナムはBonding Social Capitalがグループ内の忠誠心を作り出すことと同時に外部への敬意をも生み出す一方で、負の外部効果が起こりやすいことが予想されるとしているが、いずれのタイプも多くの場合も「正の社会的効果」をもっていると述べている（パットナム、R・D著、柴内康文訳『孤独なボウリング―米国コミュニティの崩壊と再生』柏書房、2006年、20-21頁／原著：Putnam, Robert D., *Bowling alone: The collapse and revival of American community*, Simon & Schuster, 2000.）。

（5）総務省「報道資料」令和4年7月「ふるさと納税に関する現況調査結果の概要」https://www.soumu.go.jp/menu_news/s-news/01zeimu04_02000108.html（2023年10月10日最終閲覧）

（6）北見市「一般会計補正予算説明書」（令和5年5月）https://www.city.kitami.lg.jp/common/img/

content/content_20230519_101642.pdf.（２０２３年10月10日最終閲覧）

（7） 総務省ふるさと納税ポータルサイト「R４年度ふるさと納税に関する現況調査について」https://www.soumu.go.jp/main_sosiki/jichi_zeisei/czaisei/czaisei_seido/furusato/archive/index.html（２０２３年10月10日最終閲覧）より。

（8）（5）に同じ。

第5章 地域交通から公共性を考える

Nomura Research Institute America, Inc. Senior Consultant
衣松佳孝

1 はじめに

暮らしを支える身近な公共インフラ「地域交通」

この章では、「地域交通から公共性を考える」とのタイトルにもある通り、我々のごく身近にあるインフラの一つである「地域交通」、すなわち鉄道や路線バスなどのサービスの「状態を記述」し、将来を構想することを通して、公共性を共に考えていければと思う。

本論に入る前に、一般に「公共交通サービス」と呼ばれているこれらサービス（場合によってはタクシーが含まれることもある）について、読者はどのような印象をもっているだろうか。

東京や大阪といった大都市圏に住んでいる読者については、おそらく「安くて便利、とても使いやすいもの」と答える人が多いのではないだろうか。それもそのはず、これらの大都市では、文字通り網目のように鉄道網・路線バス網が整備されており、相当な頻度で運行が行われているほか、タクシーもそこかしこを走り回っている。

それでは県庁所在地など、中規模都市に暮らす人々にとってはどうであろうか。都市によって特徴が出てくるとは思うが、「身近にあれば使う、なければ使わない」、「高齢者や学生が日々使っているイメージ」と答える人が多いのではないだろうか。実際に都市中心部には鉄道路線あるいは路線バスが存在し、それらが郊外に向かって路線を広げていることが多いはずである。

最後に、さらに人口規模の小さい中山間地などの地域ではどうか。もちろん鉄道や路線バスの存在は認知されていると思うが、「1日に1本（あるいは1時間に1本）走っている程度」、「誰も乗っていない」、「生活における移動は自家用車が中心」といった答えが返ってくるのではないだろうか。事実、人口規模が小さな地域では、こうした交通サービスはあまり使い勝手がよいとはいえない状況にある。

このように、「地域交通」の状態は、主に地域の人口規模や密度によって大きく異なることがわかる。そして、この状態と自家用車の普及・少子高齢化が相まって、現在の「地域交通」を取り巻く問題が構成されているのである。

持続可能な「地域交通」を目指して

地域交通は、その利便性・利用頻度は人口規模・密度によって国内でも地域ごとに大きく異なるが、認知度は一様に高く、まさに地域に根差したサービスであるといえる。一方で、今でこそ新型コロナウイルスによる交通への影響が大きく報じられるようになったため、世間の注目度・認知度も高まったが、地域交通が置かれている経営状況については、これまであまり深く知られていなかったのではないだろうか。詳細は後段述べようと思うが、地域交通はマイカーの普及等により、特に地方部において補助金による補填を受けながらの厳しい経営状況が続いており、日本各地で存廃に関する議論が行われているのである。

繰り返しとなるが、本章では「地域交通」という視点から公共性の考察を行う。以降では、慢性的に地域の公共交通が抱えている課題を述べたうえで、解決策として期待されている技術・サービス、それらを活用した取り組みを紹介する。そして、「地域交通」の枠から少し踏み出して、地域そのものをいかに継承していくのか、その中で交通がどのような役割を担うべきなのか、持続可能な地域・地域交通の将来像の実現に向けた展望を整理する。

交通、あるいは個人ベースでの「移動」という行為は、日常の中で誰もが行うものであり、生活の根幹をなすものである。お住いの地域の人口の多寡に関わらず、地域に暮らす一住民として、地域交通の現状と課題、そして将来について興味関心をもって読んでいただけたら幸いである。

2 地域交通の「今」

本節では、地域交通が現在置かれている状況について、三つの観点から情報整理を行う。一つ目は、主に交通事業者となるが、地域交通の担い手という観点である。そして二つ目が住民等の利用者、すなわち使い手という観点である。そして三つ目が、少し毛色が異なるが、2020年初めより地域交通に大きな影響をもたらした新型コロナウイルスの影響という観点である。これら複合的な観点からの情報整理を通して、地域交通の状況を立体的に描出し、地域交通の持続可能性の向上に向けた議論の下地とできればと思う。

地域交通の「担い手」の現状

現在、地域交通は多くの場合、地域に存在する民営・公営の交通事業者によりサービスが提供されている。まずは路線バスと鉄道（特にローカル線）を取り上げて、それら交通事業者の経営状況を整理しようと思う。

まず路線バスについて。**図5-1**・**図5-2**をご覧いただきたい。これらは、日本バス協会が公表している年度別の路線バスの経常収支率（経常支出に対する経常収入の割合）の推移となっている。

図5-1はそのうち特に民営・公営別に経常収支率を示している。注目いただきたい点が、民営であれ公営であれ、運営主体の属性に依らず過去10年以上にわたりずっと100%を切っている、すなわちずっと平均的に「赤字」状態にあるという事実である。確かに民営の方が公営に比べ割合としては改善傾向にあるが、それでも100%には達していない。実際に、新型コロナウイルスの感染拡大の影響を受ける前の2018（平成30）年のデータでは、調査対象の民営215社のうち154社が赤字、公営17社のうち16社が赤字という状態となっている[1]。

次に**図5-2**は、経常収支率について都市規模別に、大都市部[2]とその他地域で集計したものである。想像に難くはないが、大都市部の方が収益性は高く、新型コロナウイルスの

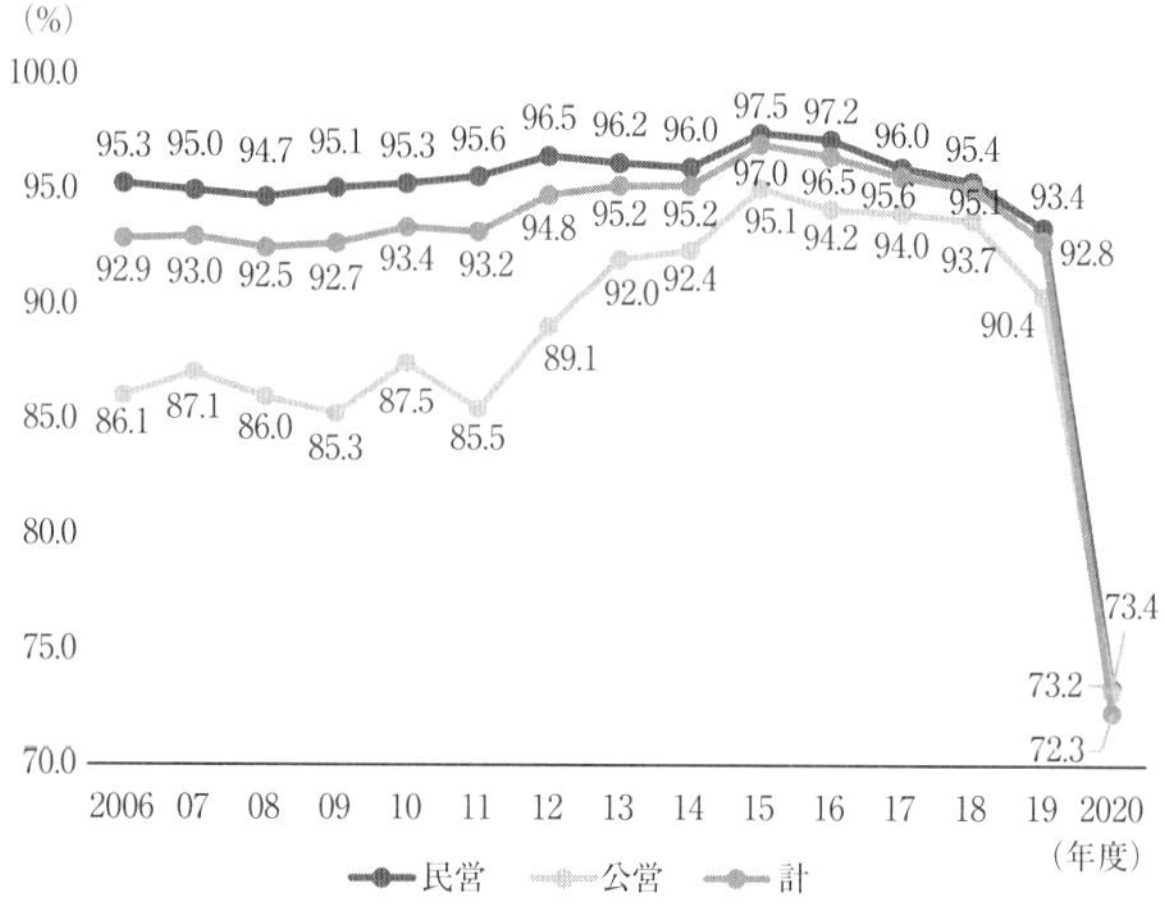

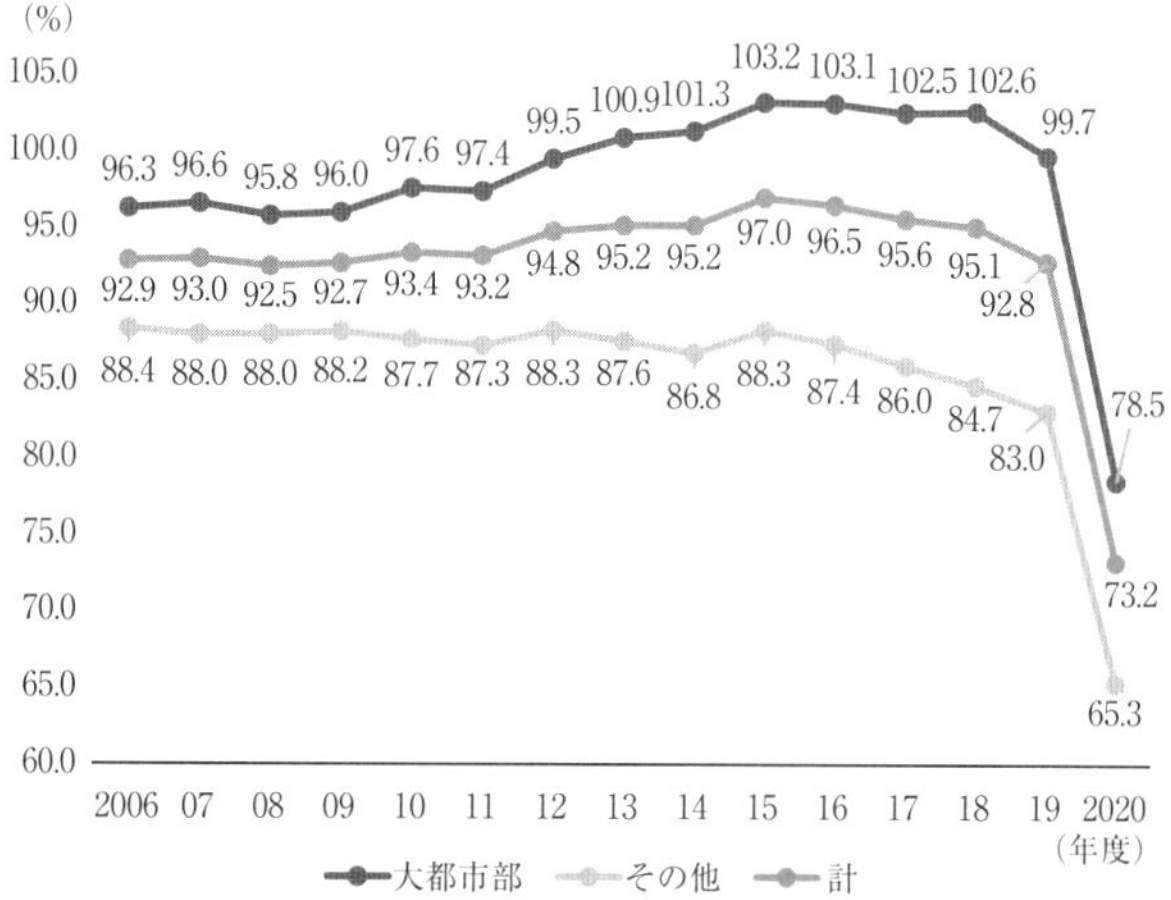

図 5-1（上） 乗合バス事業の年度別経常収支率推移（運営主体別）
図 5-2（下） 乗合バス事業の年度別経常収支率推移（地域別）
（出所）日本バス協会（2022）「2021 年度版（令和 3 年度） 日本のバス事業」p.18 より作成

感染拡大前の数年間は経常収支率が１００％を越えている。一方その他地域については厳しい状況が続いており、90％を下回っている状態が続いていることがわかる。

このように地域交通として最も身近で、私たちの生活に密接なつながりをもつ路線バスは、実態としては、永く厳しい経営状況に置かれ、補助金等を活用しながらサービスを提供し続けているのである。

次に鉄道について。鉄道についてはご存知の通りＪＲをはじめとした鉄道事業者によってサービスが提供されている。その経営状況を確認していければと思うが、路線バス事業者と比較すると企業としての規模が大きく、また企業によっては物販等の別事業も行っていることから、地域交通としての実態が少し見えにくい。そこで本章では、より具体的な線区ベースでの実態の把握を通し、経営状況の理解を進めていくこととする。

例として**表5-1**をご覧いただきたい。この表は、西日本旅客鉄道株式会社（以下、ＪＲ西日本）が公表した、輸送密度２０００人／日 未満の線区とその収支率（3年平均）の一覧である。大手鉄道各社は、新型コロナウイルスの感染拡大による旅客の激減、収支の悪化を契機に、このように輸送密度の極めて低い路線の公表を始めている。

新型コロナウイルスの感染拡大による影響を受ける前、２０１７〜２０１９年までの平均を見てみても、輸送密度が低い区間の収支率は一桁、高い区間で30％弱と極めて低い。

表 5-1　JR 西日本の低輸送密度線区の収支率推移

路線	区間	営業キロ	収支率		
			2017-2019	2018-2020	2019-2021
小浜線	敦賀～東舞鶴	84.3	14.8%	14.0%	13.2%
越美北線	越前花堂～九頭竜湖	52.5	7.3%	6.8%	6.1%
大糸線	南小谷～糸魚川	35.3	3.7%	2.9%	2.3%
山陰線	城崎温泉～浜坂	39.9	11.8%	9.8%	9.2%
	浜坂～鳥取	32.4	11.8%	10.9%	10.8%
	出雲市～益田	129.9	22.4%	18.5%	15.5%
	益田～長門市	85.1	7.6%	6.1%	5.2%
	長門市～小串・仙崎	52.8	8.3%	7.0%	6.7%
関西線	亀山～加茂	61	14.6%	11.9%	10.1%
紀勢線	新宮～白浜	95.2	19.0%	15.5%	13.0%
加古川線	西脇市～谷川	17.3	6.4%	5.7%	4.9%
姫新線	播磨新宮～上月	28.8	13.3%	11.9%	11.5%
	上月～津山	35.4	11.3%	9.8%	9.3%
	津山～中国勝山	37.5	16.4%	14.4%	12.6%
	中国勝山～新見	34.3	7.4%	5.7%	4.1%
播但線	和田山～寺前	36.1	29.4%	27.0%	26.6%
芸備線	備中神代～東城	18.8	2.4%	2.5%	2.6%
	東城～備後落合	25.8	0.4%	0.4%	0.4%
	備後落合～備後庄原	23.9	2.4%	1.9%	2.1%
	備後庄原～三次	21.8	11.5%	9.5%	9.7%
	三次～下深川	54.6	14.9%	11.7%	10.6%
福塩線	府中～塩町	54.4	3.9%	3.2%	3.6%
因美線	東津山～智頭	38.9	5.1%	4.6%	4.2%
木次線	宍道～出雲横田	52.3	7.6%	6.7%	6.6%
	出雲横田～備後落合	29.6	1.5%	1.2%	1.3%
岩徳線	岩国～櫛ヶ浜	43.7	25.4%	22.5%	21.0%
山口線	宮野～津和野	47.4	17.7%	13.0%	10.5%
	津和野～益田	31.0	14.7%	11.0%	8.8%
小野田線	小野田～居能 など	13.9	9.3%	8.9%	8.5%
美祢線	厚狭～長門市	46.0	15.9%	12.7%	11.1%

（出所）JR 西日本ニュースリリース「ローカル線に関する課題認識と情報開示について」（2022 年 4 月 11 日）および「輸送密度 2,000 人／日未満の線区別経営状況に関する情報開示」（2022 年 11 月 30 日）より作成

これらの値は、収支率が低い区間のみを取り上げているといっても、先ほど挙げた路線バスとは比較できないほど小さな値となっている。また、実際に地理的な関係を確認していただくと、事業エリア全体に広がるように、該当区間となっていることがわかる。実際に、JR西日本が管轄する総営業区間4903・1km（新幹線区間含む）のうち、輸送密度2000人／日区間の営業キロの合計は1359・9kmと、割合として約28％を占めているのである。(3)

このように、路線バスや鉄道等の地域交通は、高度経済成長期以降の自家用車の普及や、今なお続く都市部への人口流出、そして人口減少により、厳しい経営状況に置かれている。また、特に大都市圏以外の地域では、業務レベルでも、人口減少に起因する運転手等の人材不足に見舞われており、事業・業務両面で持続可能性の向上が大きな課題となっている。

地域交通の「使い手」の現状

地域交通の主な使い手・利用者として思い浮かぶのが、自家用車による移動が困難な高齢者や学生等の若者であろう。「少子高齢化」という言葉の通り、若年層の人口は全国的に減少傾向にある一方で、高齢層の人口は増加傾向にある。

特に大都市圏以外の地域においては、これまで述べてきたように地域交通の利便性が高いとはいえない。一方で、こうした地域においても高齢者や若者は生活を営み、地域交通を必要としている。「担い手」である交通事業者側も厳しい状況に置かれるなか、今後さらに地域交通の利便性が低下すると、免許をもてない若年層や、免許返納などにより自家用車という移動手段をもたない高齢者の移動・外出機会が大幅に制限されてしまい、「交通難民（移動難民）」が増加することが懸念されている。地域交通の「使い手」側もまた、社会環境の変化を受け厳しい状況に置かれているのである。

新型コロナウイルスの感染拡大がもたらした影響

２０２０年初頭より世界的に感染が確認され、流行の始まった新型コロナウイルスは、私たちの社会・経済活動を文字通り一変させた。地域交通や私たちの移動も、もちろん例外ではなく大きな影響を受けた。未知のウイルスへの感染の確認、その後の移動制限・自粛により、移動需要は文字通り「消滅」し、私たちは一切人の出歩いていない東京駅前・渋谷駅前といった、ある種世紀末的な光景を目の当たりにすることとなった。地域交通を始めとした交通産業は、外食産業とともに新型コロナウイルスに最も影響を受けた産業だと言っても過言ではないだろう。

新型コロナウイルスの感染拡大が地域交通の経営状況に与えた定量的なインパクトは、

図5-1・図5-2からも見てとれる。2020（令和2）年については、これまでのトレンドとは大きく異なり、公営・民営、大都市部・その他エリア関係なく、経常収支率の下げ幅約20％と、大きく落ち込んでいることがわかる。また、移動需要の「消滅」によるインパクトは、鉄道においても同様であった。テレワーク・在宅勤務の普及による定期収入の減少やその他非定期利用者数の減少等を受け、大手鉄道事業者においても収益は大幅に悪化した[4]。

このように、新型コロナウイルスの感染拡大は、これまでも厳しい状況に置かれていた地域交通だけでなく、これまで比較的安定した状況であった交通事業者についても未曽有の厳しい状況に追い込むこととなった。

一方で、こうした一連の衝撃的な出来事は、副次的な影響ももたらしたといえる。その一つが、先ほど紹介した大手鉄道事業者の低輸送密度線区の公表である。これまで、地域交通の経営状況やそれに基づく存続・廃止の議論は、ある種のタブーとして避けられてきた。しかし、今回新型コロナウイルスの大きすぎるインパクトもあり、公表に踏み切ったことを契機として、地域交通の一員であるローカル線の今後に向けた議論が各地で始まるようになってきている。このように、地域交通は世間の注目・関心が集まり、ただ知っている・そこにある存在から、地域としてこれからどうしていくのか、どうしていきたいのか、議論する対象となりつつあるといえる。

こうした状況のなか、テクノロジーの面でも、デジタル技術等を活用し地域交通の利便性を高めるサービスが登場してきている。新しい技術も活用しながら、地域交通をどのようにアップデートしていけばよいのか、次節にて詳細を紹介できればと思う。

3 地域交通の「これから」

「地域交通」の趨勢シナリオ

近年登場してきた新しい技術や地域交通の明るい未来像について語る前に、このままでは地域交通はどうなっていくのか、について一つの試算結果を紹介できればと思う。
図5-3は筆者の勤務先である株式会社野村総合研究所が試算・公表した「鉄道維持指数」をグラフ化したものである。「鉄道維持指数」とは、2019年度における鉄道事業の利益水準を「1.00」とした場合の、将来の利益水準を表す指標であり、今後の沿線人口の減少や、移動需要の変化等による影響を加味し算出されている。図をご覧いただければ一目瞭然であるが、北から南に至るまで、そして2019年から2030年、そして2040年にかけても、数値は減少、すなわち利益水準が低下し鉄道の維持が困難になって

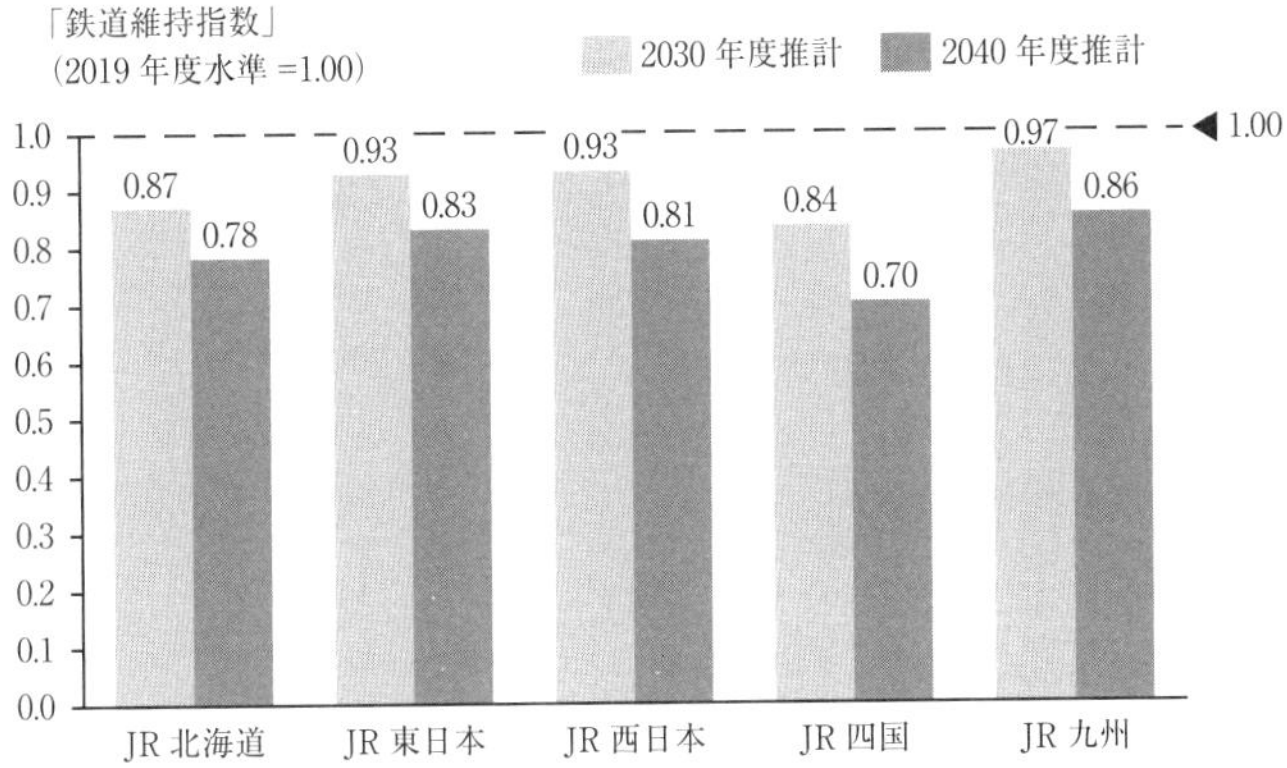

図 5-3　JR 各社の「鉄道維持指数」推計結果

（出所）株式会社野村総合研究所ニュースリリース，「野村総合研究所，コロナ禍と人口減少を踏まえた「持続可能な地域公共交通」のあり方を提言」(2022 年 3 月 25 日）

いく結果となっている。鉄道だけでなく、路線バスについても同様に厳しい状況が続くことは容易に想像できる。このようななか、いかに地域交通の持続可能性を高めていけばよいのだろうか。

「地域交通」の持続性を高める取り組み

これまでの地域交通といえば、簡潔にまとめると、定時定路線型で利便性があまり高いとはいえないが料金の安い鉄道・路線バスと、いつでも好きな場所に移動できる高い利便性をもちつつも料金が高額であるタクシー、という構図となっており、利用者のニーズを受けとめ切れていない状況であった。

一方近年では、デジタル技術の進歩など

により、これらの従来型の交通サービスの隙間を埋める新しいサービスや、既存サービスの利便性・収益性の向上に資するソリューションや取り組みが登場してきている。前者については、スマートフォン上のアプリや電話を通じた予約により利用者同士をマッチングし、比較的安価な料金での移動を可能にする相乗りタクシーや、自動運転サービスがその代表例といえよう。また後者、交通サービス自体の収益性向上に向けては、その対象を交通サービスから広げた他サービスとの連携も進められており、代表例としては、車両の余剰スペースに貨物（荷物）を載せ乗客とともに運ぶ「貨客混載」が挙げられる。

こうした地域交通への新しい技術・ソリューションの適応に関しては、全国各地で実証実験や社会実装が今まさに進められており、経済産業省・国土交通省の「スマートモビリティチャレンジ(5)」に代表されるように、国もその取り組みを全面的に後押ししている。これらの新しい技術・ソリューションは、導入によってすべての課題を解決できる「魔法の杖」ではない、ということに注意が必要ではあるが、地域・住民の実情に合わせ丁寧に実装していくことで、地域交通の持続可能性を高めることができる「強力な武器」となりうるものである。

地域の中の「地域交通」

地域交通のこれからを論じる際にもう一点忘れてはならないのは、地域交通を手段として「地域として今後どうありたいのか」という地域としてのビジョン・将来像を描くことの重要性である。人口の減少・都市部への偏在により、中山間地域を中心として過疎化は今後も続いていくと考えられる。それに伴い、これまでの人口規模で維持してきた地域、地域内のインフラをどのように継承していくのか、が大きな論点となってくる。

地域インフラの継承に向けては、地域内で発生する人やモノ・サービスの移動をどのように効率的に行っていくのか、を検討していくことになるが、物理的な集約やデジタル技術を活用した仮想的代替等、複数の方法が考えられるだろう。

例えば、物理的な人の移動について、施設の集約により人口密度を高め、人の移動そのものの削減、あるいは輸送密度の向上を実現しようとするのがコンパクトシティ、あるいは「コンパクト&ネットワーク」の考え方である。実際には、物理的な施設の移転、住民の転居は経済的にも心理的にも容易ではなく、非常に時間もかかる（あるいは、永久に実現しないかもしれない）方法である。一方で、人の物理的な移動の代替としては、デジタル技術を活用し、人と人との参集・コミュニケーションを仮想空間上で再現するメタバースの活用等が考えられる。

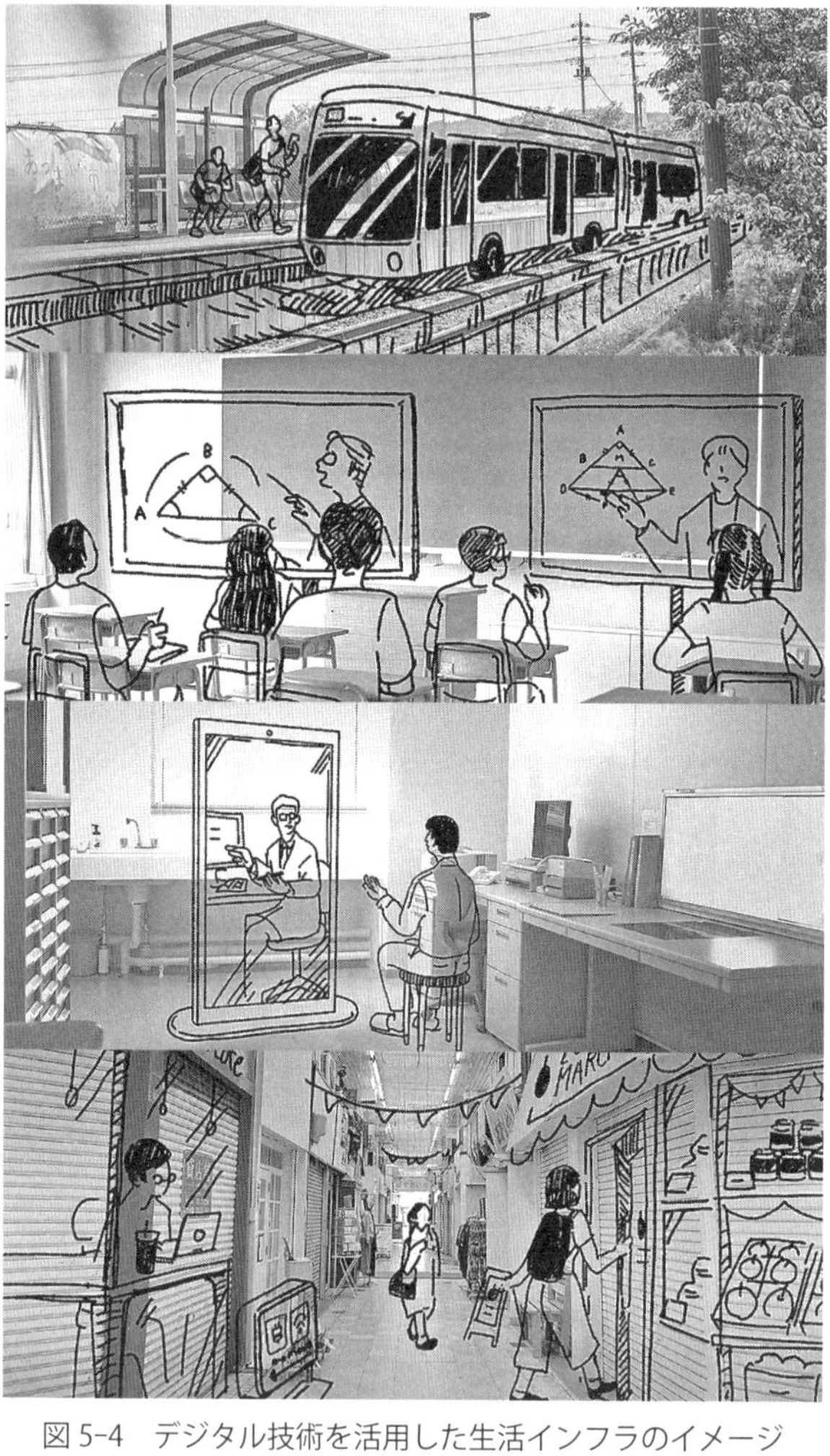

図 5-4　デジタル技術を活用した生活インフラのイメージ

（出所）野村総合研究所，第 339 回 NRI メディアフォーラム，2022 年 7 月 19 日，p.41

また、モノやサービスの移動（輸送）についても、物理的な継承方法としては、これまで述べてきたような人の移動との混載や自動運転の活用による効率性の向上、あるいは移動販売車や移動診療車等の運用が考えられる。一方で、人の移動と同様に、これらについてもデジタル技術の活用による代替が考えられ、具体例としては、教育サービスの代替としてのオンライン授業や医療サービスの代替としてのオンライン診療、そして設計図のみをデータとして提供し、その場で商品を組み立てる３Ｄプリンターによる商品提供などが考えられる。

ここまで、地域交通に限らず地域のインフラをどのように継承していくのか、その方法を議論してきた。昨今のデジタル技術の進歩は目覚ましく、私たちが取りうる選択肢の幅も格段に広くなってきている。

一方で繰り返しとなるが、地域交通やここまで述べてきた各方法は、あくまで住民が地域で生活を営んでいくうえでの手段の一つに過ぎない。地域交通や地域のこれからを考えるうえでは、地域において住民を始めとした関係者が、地域の状況を把握し、将来像とその現実的な実現方法について、議論を重ねていくことが非常に重要となる。

4　おわりに

ここまで「地域交通から公共性を考える」というテーマの下、地域交通の現在の状況と、状況の改善に向けた打ち手について記述してきた。

筆者は、地域交通における公共性とは、「誰もが必要な時に利用できること」と言い換えられるのではないかと考えている。そしてここまで読み進めていただいた読者には、効率性を向上させる新しい技術・サービスが登場してきてはいるものの、依然交通事業者の経営状況は厳しく、いかに「誰もが必要な時に利用できる」状況を維持・実現することが難しいか、その一端がご理解いただけたのではないだろうか。

持続可能性の高い地域交通の実現に向けては、繰り返しとなるが、そもそも地域としてどのようになりたいのか、地域のビジョンと将来像を、地域の関係者が議論し、答えを導き出す必要がある。そのうえで、本書のタイトルにもなっている「地状学」、すなわち地域の状態を記述することは、その第一歩として重要な意味をもつはずである。本章で記述できた内容は、地域交通の状況全体からするとごく一部に留まるが、本章をきっかけに、地域交通について議論が始まり、そして深まり、結果として日本各地で、地域にとってより望ましい地域・地域交通の「状況」が発現することを願い、本章のまとめとする。

注

（１）日本バス協会「２０２１年度版（令和３年度）日本のバス事業」２０２２年、19頁。２以上のブロックにまたがる事業者についてはその重複を除いている。

（２）千葉、武相（東京三多摩地区、埼玉県及び神奈川県）、京浜（東京特別区、三鷹市、武蔵野市、調布市、狛江市、横浜市及び川崎市）、東海（愛知県、三重県及び岐阜県）、京阪神（大阪府、京都府（京都市を含む大阪府に隣接する地域）及び兵庫県（神戸市及び明石市を含む大阪府に隣接する地域））ブロックの集計値。

（３）西日本旅客鉄道株式会社ニュースリリース、「輸送密度２、０００人／日未満の線区別経営状況に関する情報開示（２０２２年11月30日）」およびホームページ https://www.westjr.co.jp/company/info/outline/（２０２３年４月30日最終アクセス）より作成

（４）日本経済新聞電子版「ＪＲ東・西が民営化後最大の赤字　21年３月期、東は４１８０億円」（２０２０年９月17日配信）

（５）「スマートモビリティチャレンジ」ホームページ https://www.mobilitychallenge.go.jp/（２０２３年４月30日最終アクセス）

第6章
アンテナショップから公共性を考える
――首都圏情報発信拠点としての役割を通して

表参道・新潟館ネスパス 前副館長
小河原 太郎

「表参道・新潟館ネスパス」（以降、「ネスパス」と表記）は、新潟県のアンテナショップである。ネスパスは〝N' ESPACE〟と表記し、「N」は新潟／ネットワークを、「ESPACE」はフランス語で空間やスペースを意味し、新潟県の食や観光、くらし・仕事などの旬の情報を発信する首都圏の情報発信拠点施設となっている。

新潟県の魅力について

新潟県は、本州日本海側沿岸のほぼ中央に位置している。県境に山々がそびえ、国内最長河川となる信濃川をはじめとした多くの河川が日本海にそそいでおり、河川流域には広大で肥沃な平野が広がっている。また、日本最大の離島、佐渡島も有する。

観光においては、各季節でさまざまなアクティビティを満喫できる。春は三大夜桜として有名な上越市高田城址公園の桜をはじめとした花見、夏は透明度の高い海での海水浴や、「海の柏崎」「川の長岡」「山の片貝」と称される『越後三大花火』をはじめとした県内各地で開催される花火大会、新米が美味しい秋は紅葉、冬はスキーやスノーボードなどのスノーアクティビティが楽しめる。また、イベントでは佐渡市のアースセレブレーションや、湯沢町のフジロック、十日町市と津南町エリアの大地の芸術祭、さらには新潟市で開催されるにいがた酒の陣など、多くの観光客が訪れている。

食・グルメも多様であり、コシヒカリや新之助をはじめとした美味しいお米や、日本海で獲れた新鮮な魚、澄んだ水で造られた日本酒はもちろんのこと、へぎそばやタレカツ丼、新潟5大ラーメンをはじめとした個性あふれるラーメンなど、質量ともに豊富である。

自治体アンテナショップおよび表参道・新潟館ネスパスについて

自治体アンテナショップとは「単なる観光物産案内所ではなく、地域の総合情報を受発信するとともに、特産品販売施設や飲食施設等を設置している店舗」と一般社団法人地域活性化センターが定義している。

【表参道・新潟館ネスパス外観】

都内の自治体アンテナショップ（独立店舗）は道府県37店、市町村25店の計62店あり、新潟県の自治体アンテナショップはネスパスの1店となっている[1]。

都内の自治体アンテナショップの出店エリアであるが、特徴的なことは、銀座や有楽町、日本橋などに店舗が集中していることである。

ネスパスは、物産販売のほか、観光PR、UIターンや移住相談など、さまざまな新潟県内の情報発信等を行っている、新潟県のアンテナショップである。渋谷区神宮前に店舗を構えており、表参道ヒルズの隣に位置し、近くにはアパレルのブランド店やアップルの旗艦店があるなど、流行の最先端エリアに位置する。表参道駅から徒歩1分と近く、原宿駅からも徒歩10分と、アクセスも良好なアンテナショップである。なお、自治体アンテナショップであるネスパスとは別に、新潟県関連のアンテナショップとして民間事業者が運営する「ブリッジにいがた」、「NIIGATA1○○（イチマルマル）」、「上越妙高雪國商店」の3店舗がある。各店舗がそれぞれの特徴を活かしながら、新潟県をＰＲし、４店舗協力してイベントを実施するなど、連携した取り組みも行っているところである。

ネスパスは１９９７年６月21日にオープンした。オープン当初は新潟県の産業や文化等に関する各種イベントを実施し、物産販売はなかった（表6-1参照）。

２００６年２月に表参道ヒルズがオープンし、ネスパスは同12月に物産販売をスタートさせた。

その後、２０１８年８月に立ち飲みスペースを新設、２０２１年に「くらし」と「仕事」の総合相談窓口を新規オープンするなど、時代のニーズに合わせた店舗展開を図り、現在に至っている。

現在のネスパスの役割は、①県産品の取扱増・販路拡大の促進、②新潟ファンの増・観光誘客の促進、③ＵＩターンの促進を図ることであり、店舗はもち

表6-1　表参道・新潟館ネスパスの歴史

1997（Ｈ９）. 6	首都圏情報発信拠点施設として開設
2005（Ｈ17）. 6	県産品試験販売実施
2006（Ｈ18）. 2	表参道ヒルズオープン
.12	リニューアルオープン（物産販売スタート）
2010（Ｈ22）. 3	年間入館者百万人突破（107万９千人）
. 6	観光センターで旅行商品販売（販売は令和２年３月で終了）
2013（Ｈ25）. 9	地下飲食店舗リニューアル
2015（Ｈ27）. 9	静香庵リニューアル　累計入館者１千万人達成！
2016（Ｈ28）.12	リニューアル（物産販売スタート）10周年
2017（Ｈ29）. 6	ネスパス20周年
2018（Ｈ30）. 8	立ち飲みスペースの新設
2021（Ｒ３）. 4	「くらし」と「仕事」の総合相談窓口新規オープン

ろんのこと、さまざまな媒体を通した情報発信で前記①から③を促進し、交流人口や定住人口、さらには関係人口の増を図っているところである。

入館者数については、オープン初年度は約６万人で、徐々に、増加してきたところであるが、前述のとおり、２００６年２月の表参道ヒルズのオープンと同年12月の当館での物産販売の開始を契機に大幅な伸びを示し、２０１１年度からは９年連続で１００万人を超えた。都内自治体アンテナショップの中で、ネスパスは２０１９年度が３位以内、２０２０年度で５位以内と、都内でも随一の人気アンテナショップである[2]。なお、新型コロナウイルス感染症拡大の影響により、２

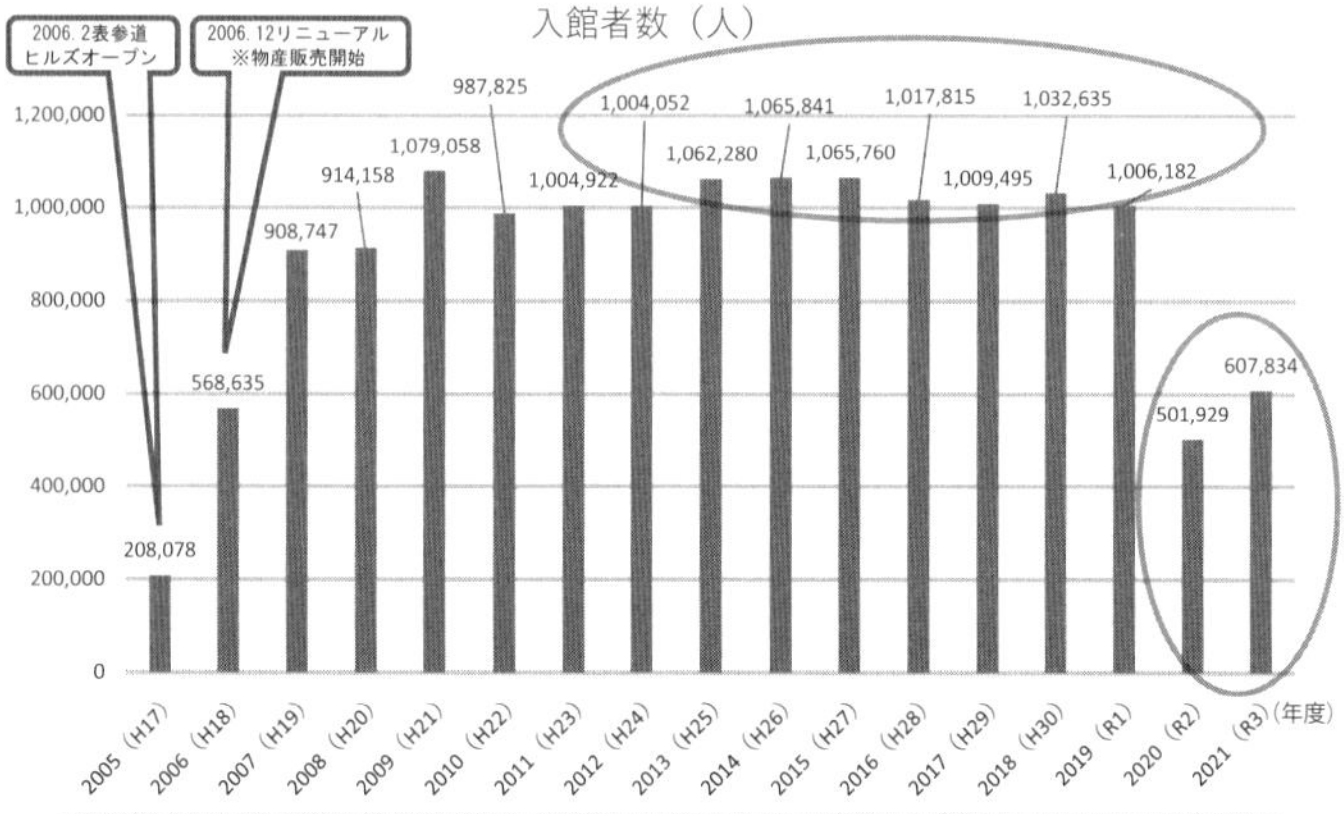

◎ 入館者は2011年度から９年連続で100万人超
◎ 感染症の影響により2020年度と2021年度は減少も回復傾向

図 6-1　表参道・新潟館ネスパスの入館者数の推移

020年度は約50万人と半減したところであるが、2021年度には60万人まで回復、徐々に人の流れも戻ってきている（図6-1参照）。来館者の傾向であるが、2022年8月に実施した来館者アンケートでは、7割程度が女性、年代は50代を中心に幅広い層が利用している。県産品購入や、食事のために来館する者が多く、新潟グルメを目的に来館する方が約7割となっている。

次にネスパスの売上の状況である。コロナ禍前は2013年度から7年連続で6億円を超えていたが、コロナ禍となった2020年度は4億2500万円と、2019年度の6億7000万円と比較して約6割、2021年度は5億3000万円と、こちらも2019年度と比較すると約8割と減少した。特に飲食部門は、2020年度および2021年度とも、2019年度の約4割程度と大きな影響を受けた。ただし、物産販売は2021年度にはコロナ禍前の2019年度とほぼ同程度まで回復している。これは、コロナ禍により、まとめ買いが増えたこと等による客単価の増加が一因であり、家で美味しいものを食べるという食習慣が浸透しているものと考えられる。

次に、物産の部門別の売上について見ると、1位は、米どころの新潟県らしく、米菓である。国民的お菓子で新潟が発祥となる柿の種や都内ではなかなか手に入らない人気のあられ菓子などが揃っている。2位は常温和菓子となっており、ネスパス不動の人気商品である笹団子や、加茂市の老舗菓子店製造のかりんとう饅頭など、どれも美味である。３位は日本酒である。酒蔵数が全国1位の新潟県であり、県内のさまざまな酒蔵のお酒を扱っている。コロナ禍では、四合瓶やワンカップなども人気となっていた状況である。

館全体の売上は２０２０年度で4億２５００万円となっており、都内アンテナショップの62店舗中、北海道、広島県、沖縄県のアンテナショップに次ぐ第4位であり、多くの来館者に支持されているところである[3]。

館内の機能について見ると、表参道ヒルズの横に面した1階には、物販販売の「新潟食楽園」と会席料理などを提供する「にいがたの味　静香庵」、さらには「立ち呑みＢＡＲ　ＣＯＣＯ」、そして県内の企業、自治体等が週末を中心に地元をＰＲすることができる「イベントスペース」を展開している。新潟食楽園（物産）は、特産品の数が約１８００品目あり、90％以上は食品が占めている。また、何度も足を運んでもらえるよう、新商品の掘り起こしや季節品の入れ替えなどを行い、商品ＰＲや販路拡大、売上の増加につなげている。にいがたの味静香庵は、ビジネスシーンや家族水入らずのご会食など、落ち着いた雰囲気で新潟の美食を堪能いただける。立ち呑みＢＡＲ　ＣＯＣＯは、ワンコインで新潟清酒をよりどり3杯楽しめる立ち飲みスペースであり、つまみやソフトクリームも提供している。イベントスペースは、週末を中心にネスパスの企画イベントや自治体イベントなどを開催しており、2021年度には56回のイベントを開催した。コロナ禍の影響により、県内自治体の主催するイベントは中止となるケースが多かったものの、徐々に回復、県内自治体の出店も増加しており、コロナ禍前の賑わいが戻ってきている。

2階には県内の観光を紹介する、新潟県観光協会が運営する「新潟県東京観光センター」、UIターンや移住の相談窓口である「にいがた暮らし・しごと支援センター」、そして、県内の企業・自治体等が都内の拠点として利用できる「オープンオフィス」がある。新潟県東京観光センターは、パンフレットやリーフレットを取り揃え、県内の観光やイベント情報が知りたいときに便利である。にいがた暮らし・しごと支援センターは、スタッフがUIターンや移住をアドバイスしており、学生や社会人など、幅広くご利用いただいている。

3階には「展示・交流スペース」を設置し、各種展示会や講習会、県が主催する新潟の魅力をPRするイベント「新潟プレミアサロン」など、さまざまな用途に利用可能である。

地下1階には「お食事処　新潟食楽園」がある。都内アンテナショップでレストランを2店舗構えているところは限られており、こちらでは、へぎそばやタレカツ丼など、新潟グルメを地酒とともに気軽に楽しむことができ、好評を博している。

ネスパスの新型コロナウイルス感染症に対する取り組みについて

２０２０年４月の緊急事態宣言に伴う全館休業のなか、再開に向けた館内の方針について検討したところだが、政府の策定した『新型コロナウイルス感染症対策の基本的対処方針』等を踏まえて、お客様、出店者並びに従業員の安全、健康の確保を最優先しながら、必要な対策を講じ、営業を再開したものである。

具体的には、レジ待ちにおける十分な距離の確保や、客席間のスペースを十分に確保した「身体的距離の確保」、ドアノブやテーブル、事務機器等の「清掃・消毒」、試飲・試食の中止やアクリル板等の設置による「接触感染・飛沫感染の防止」、出入口を開放したり、館内窓を常時開放するなどの「換気の徹底」、そして定期的な館内アナウンス等による「感染拡大防止のための協力のお願い」である。感染者増の波が高い時期には従業員の感染者も発生するなど、感染をゼロに抑えることは難しかったものの、クラスターの発生は防ぐことができ、対策は一定の効果があったものと捉えている。

【客席間のスペース確保とアクリル板設置の様子】

販売促進の取り組みについてであるが、新潟食楽園（物販）では、新潟グルメを楽しんでもらえるよう、テイクアウトメニューを販売し、タレカツ丼やブリカツ丼、さらにはおにぎりも定番の鮭やイクラの他、神楽南蛮味噌など揃えたほか、醤油赤飯なども販売し、新潟ならではの味を堪能いただき、現在に至るまで好評を博している。そのほか、お酒とつまみのコーナーを展開し、家飲み需要に対応した。外食がとりづらい環境下のなか、「家で少し贅沢な食事を取りたい」というニーズを捉え、売上増にもつながった。静香庵では、お弁当の販売を開始し、にいがた和牛を楽しめるすき焼き重など、5種類のお弁当を提供した。

オンラインイベントにも力を入れた。それまで参加者に集まっていただき開催していた消費者モニタリングイベントを、２０２１年度からオンラインで開催。モニターの方には、事前に商品を受け取ってもらい、試食等を行ったうえで、オンラインにて参加いただいたものである。企業の皆さまからも「会社にいながらにして消費者の生の声を聞くことができて良かった」という声を多数いただき、オンラインとの親和性が強いイベントとして、今後も継続して実施していく予定である。そのほか、県内酒蔵の日本酒をオンラインで楽しむ「新潟清酒の会」を開催。こちらもこれまで館内で実施したものをオンラインで開催し、北は青森県、南は鹿児島県まで、全国から参加者を募ることができ、新潟清酒の歴史や美味しさの理由などを広くPRすることができた。そのほか、オンラインで古町芸妓と参加者をつなぐ会を開催するなどして、こちらも参加者に楽しんでいただいた。さらには、ネスパスの利用方法等をお知らせする説明会をオンラインで開催し、こちらも参加者からは「移動の手間なく参加しやすい」と好評を博した。

2022年度は、感染状況も踏まえつつ、新潟清酒の会など、徐々にリアルでの開催を再開したが、モニタリング等、オンラインと相性のよいイベントもあり、リアルとオンラインを併用しながら、イベントを開催していくことが肝要と考えている。

ネスパスの販路拡大の取り組みと広報活動について

ネスパスの役割の一つに、県産品の取扱増・販路拡大の促進があることは前述したとおりであり、物販でさまざまな県産品を取り扱っているところであるが、モニタリングの他、首都圏消費者の反応をリサーチするためのテスト販売を実施している。これは、県内企業にネスパス店内でのテスト販売を行ってもらい、販売状況によっては、常時取扱い商品として店舗で販売する制度である。販売2か月間の売り上げが売上金額上位90%、次の2か月で同40%になった商品を通常販売する制度であり、県内の事業者に利用いただいている。

テスト販売した商品の販売状況について企業にフィードバックを行っており、通常販売に至らなかった場合は、改善等を図ってもらい、首都圏消費者に購入いただけるように促している。テスト販売を経て人気商品となるアイテムもあり、こちらもモニタリング事業同様、多くの企業に参加いただいている。

ネスパスは、情報発信手段として、広報誌を発行するとともに、SNSやメディアの活用等により、PRを行っている。

広報誌は、「ネスパスニュース」として、隔月にて約1万8000部を発行している。店内で取り扱っている商品をはじめ、観光やしごと・暮らし、さらには、県内の旬のトピックを届ける広報誌である。一押し商品や酒蔵の紹介、県内各地の観光地の紹介など、読者にとっても新しい発見がある広報誌であり、「毎号楽しみにしている」「イベント情報を参考にネスパスに行く」「掲載観光地に行ってみたい」などの声も届くなど、好評である。

SNSについては、フェイスブック（Facebook）、インスタグラム（Instagram）、X（旧Twitter）、さらにはライン（LINE）公式で、イベント情報や物産情報、新潟関連情報などを発

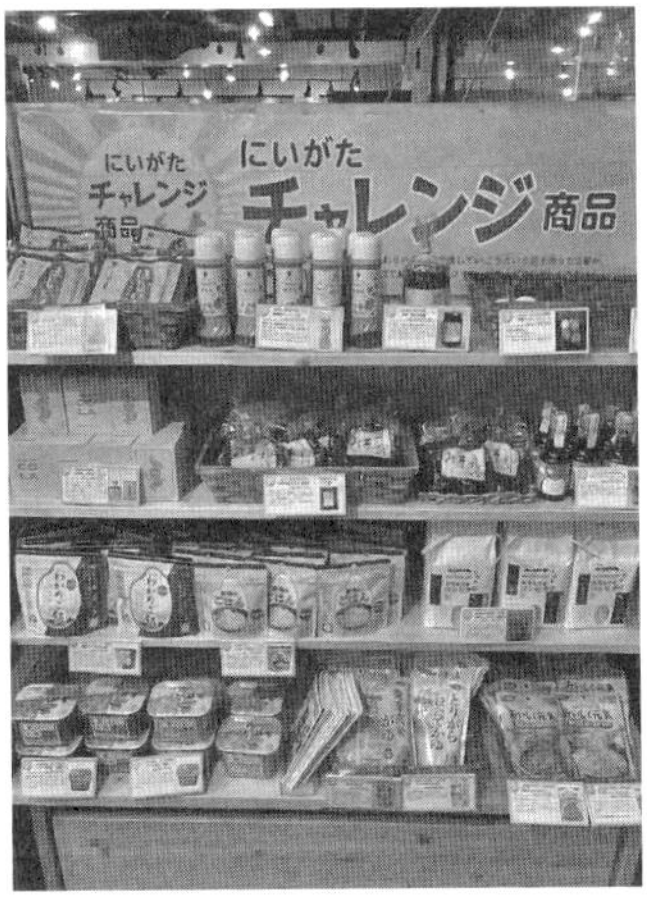

【テスト販売の並んだ店舗棚】

信している。フォロワー等が随時目を通してくれるように定期的な投稿を心掛けている。その他、ユーチューブ（Youtube）では県産品や新潟県食材などを使った郷土料理等のレシピを公開し、自宅でも新潟グルメを楽しんでいただけるよう発信している。ＳＮＳのフォロワー数は増加しており、ここでは、インスタグラムとツイッターのフォロワー数について紹介したい。

新型コロナウイルス感染症に伴う緊急事態宣言以降、ＳＮＳでの投稿に力を入れたこともあり、２０２０年４月と２０２３年３月の状況を比較してみると、ツイッターのフォロワー数は、２０２０年４月１日時点で１３５７であったものが、２０２３年３月１日時点で３７９４と、約３年で２・80倍となった。また、インスタグラムについては、２０２０年４月１日時点で２８３９であったものが、２０２３年３月１日時点で４９０５と、約３年で１・73倍となった。１階イベント告知やネスパスニュースのＰＲ、メディア掲載情報等、ネスパスおよび新潟県関連の情報を切れ目なく発信し、それぞれのＳＮＳでフォロワー数等が増加したものであるが、食やイベントに関する情報、メディアで取り上げたことについての紹介等に共感を獲得している。

メディアの活用については、テレビや雑誌、ウェブなど、さまざまな媒体からの取材・ロケを受け入れ、積極的に発信している。ユーチューブで情報発信する動画クリエイターや、米菓に特化した商品の発信者の受け入れなど、いわゆるインフルエンサーによる発信が昨今の特長となっている。なお、そのような状況下においても、テレビの影響は引き続き大きく、紹介後すぐに電話で「購入したい」という相談もある。その他、ネット配信のプラットフォームとなる情報ポータルを通じてイベント情報等を配信、全国紙のウェブ版等で掲載されている。ネット配信を見たライター等がさらに取材を申し込むこともあり、連動性も高く、ネスパスの認知度向上の一助となっている。

ネスパスの課題

クリック一つで商品を購入することができるようになり、アンテナショップでは、当館含め多くの店舗がネットで商品を購入できるが、当館においては、その割合は、まだ少ない。手に取って商品を購入したいという層が多いことも考えられるが、ネットが普及した現在、さらなる対応が必要と考えられる。

また、入館者数や売上で、上位に位置する当館であるが、ネスパスへの訪問を機に、どれくらいのお客様が実際に県内を訪れていただけるかという点においては、データがないものの、改善の余地があると思われる。ネスパスは首都圏の情報発信拠点であり、売上が大きいことも大事ではあるものの、実際に新潟を訪問してもらい、グルメや観光を楽しんでいただいたり、文化・歴史を知っていただくということが重要である。２０１７年5月5日（こどもの日）に新潟県の鑑賞魚として指定され、海外でも人気のある錦鯉が新潟県発祥であったり、ナショナルブランドである食品大手企業が新潟県の企業であることなど、まだまだ知られていないことも多い。食の魅力だけではない、さまざまな情報を発信するとともに、約四半世紀の間社会減が続くなど、新潟県の最重要課題と位置づけられている県の人口減少改善に向けた、ＵＩターンや移住につながるような対応が必要である。

２０２３（令和5）年12月（予定）のネスパス閉館および新しい情報発信拠点の設置について

都内アンテナショップの中でも人気店であるネスパスであるが、建物の老朽化により、現在の、表参道での営業が２０２３年12月（予定）閉館することが決定した。

県では、新型コロナウイルス感染症による消費行動の変化等も見据え、首都圏での一層の新潟県の認知度向上や交流促進を図るため、外部有識者等で構成する「新潟県首都圏情報発信拠点あり方検討会議」を開催し、アンテナショップ設置の必要性から、ゼロベースで検討することとなった。

その結果、２０２２年12月25日には、検討会議の意見をまとめた報告書が提出され、設置の是非については、「首都圏の人々や訪日外国人と出会い・交流する場として、情報発信拠点は今後も必要である」と結論づけられ、「人の動き」を作るなどの方向性が示された。

県は、報告を受け、立地等を検討した結果、銀座の鈴らん通りに新しい拠点を設置することを2023年1月25日発表、2024年4月のオープンを目指して取り組んでいる。

検討会議の報告等を踏まえ、交流する場としての店舗展開が予定され、物販や飲食などの店舗は残しつつ、新潟県への人の流れを作る拠点として機能するものとなる。

ネスパスから公共性を考える

これまで述べてきたとおり、ネスパスは新潟県の首都圏情報発信拠点としての活動を四半世紀行い、首都圏の消費者等にPRしてきたところである。広い県土を誇る新潟県においては、上中下越、佐渡エリアをバランスよくPRすることは重要である。反面、バランスを考慮すると深堀りが難しい面もある。バランスも考慮しながら、新潟県の特長を活かした発信が肝要だと考える。アンテナショップでの体験を通じて、新潟県に興味をもっていただくとともに、もう一歩先の、訪問・移住定住につなげていくことが新潟県にとって重要なものと考えている。

公共性の観点で考えると、ネスパスは施設の維持管理・運営のために、新潟県から年間約1・5億円の補助を受けてきたところであり、新潟県全域の情報発信を行うべく、公共的な役割を担っている。また、前述した新型コロナウイルス感染症への対応についてもアンテナショップという公共的な立場であることも念頭に置きながら、国や都等の方針を踏まえ取り組んできた。

公共的な立場であることを鑑み、県民の利益となるとともに、社会的な使命も果たす、また、さまざまな関係者が納得できるやり方での運営に努めてきたところであり、新しい拠点においても、県民の利益や社会的な使命を果たしていく必要がある。

アンテナショップは各自治体が地域をＰＲする場所であり、各自治体が工夫しながら店舗展開を図っているなか、新潟県としても、県の特長をＰＲしながら、来館者を含めた多くの方に魅力を発信し続けなければならない。

新潟県には、日本一の米どころというアピール点や、世界遺産登録を目指す佐渡島（さど）の金山、四季折々の美しい自然など、全国・世界に誇れる資源が数多く存在する。本著をご覧いただいている皆さんにおかれても、ぜひ、ネスパスおよび新しい拠点、さらには、新潟県に足を運んでいただけたら幸いである。

注

（1）一般財団法人地域活性化センター『令和3年度自治体アンテナショップ実態調査報告書』20

22年
（2）右に同じ。
（3）右に同じ。

第7章

地方自治体——病院——から公共性を考える

元 宮城県白石市 総務部長
八島定敏

——「私は、ここに主権が国民に存することを認める日本国憲法を尊重し、且つ擁護することを固く誓います。私は、地方自治の本旨を体するとともに、公務を民主的且つ能率的に運営すべき責務を深く自覚し、全体の奉仕者として誠実且つ公正に職務を執行することを固く誓います。」

約半世紀前、右記の宣誓書を読み上げて私の地方公務員生活が始まった。戦後父が中国から引き揚げてから県庁職員であったことと無関係とも言い難い感がある。

1　地方公務員の仕事

異動部署と担当業務の公平性

白石市役所職員として32年勤務し、その間に8回異動した。会社員の経験が無いので大きい声では言えないが、市役所の仕事は例えば所属が変われば扱う法律なども変わり一から勉強し直すといった、言わば会社が変わったような感覚がある。

平等と公平と公正

奉職して9年目、初めて異動辞令が出た。係長として戸籍や住民票などを取り扱う窓口担当の責任者である。窓口でできること・できないことに起因したもめごとがよく起きたが、一番多かったのは待たされることへの苦情である。そこで感じたのは、来客者への応対は平等を旨としなければならない

図 7-1　白石市の位置

が、何度も説明を要するお年寄りと一般の人とでは同じように応対できないということである。窓口で要する時間に差をつければ平等にはならないが、理解してもらうという意味では公平ではないかと考えて対応した。

また、入札執行を担当した時には、入札参加者に微塵も疑われることのないように厳格に公正な入札を心掛けた。仕事をするに当たっては先輩や上司からは常に〝最少の経費で最大の効果〟をと言われ続け、そのことと地場企業育成とのバランスがどのように釣り合うか検証できなかったことは、職務怠慢の誹りを受けざるを得ない。つまり指名参加願いを提出し受理された企業は、平等の原則から該当する一般競争入札にどの企業も参加できるはずだが、市内の企業だけで入札を行うことがある。地場企業育成という名目だが、市外の企業を参加させた方が最少の経費となる可能性を無視した行為である。このことは市内企業への対応としては公平感を増すことに繋がる面もあるが、言行一致の難しさを思い知った。また所得税は所得によって税率が異なり、固定資産税も路線価により単価が異なる。住居地によって都市計画税の課税非課税が分かれる。いずれにしても市民生活は多種多様であり、公平公正を旨とするとしても、木で鼻を括る対応とならないよう制度内でのケースバイケースを心掛けた。その対応も基本的には性善説で行ったつもりだが、他市町の担当者と話すと、税金を滞納する人ほど権利を主張するのはどこの自治体の人も同じらしい。なお滞納者の中には、生活保護申請を教えたくなるような一人暮らしの女性高齢者もいたが、なんとか納めるのでもう少し待って欲しい、と言って生活保護を拒否する人もあったことを紹介しておきたい。

まちは総合力で競う

企画部門に所属していた時、総合計画作成を担当したことがある。その時上司には、総花的なものではなく、少し頑張ればできるような120%の計画を目指せ、と指導された。約10年後、今度は係長としてまた総合計画を作成することとなった。前回はほとんど庁内各課の案をまとめた形だが、今回は大学教授やまちづくりに造詣の深い方など外部の提案やアドバイスがあった。アメリカで教鞭を執ったこともある先生は「まちは総合力で競う」と語り、「米国や英国では、歴史のないまちに企業は来ない」と話された。「白石は水音が響くまちだ」とアドバイザーが指摘する通り、城下町の名残りともいえる水路が縦横無尽に町中を流れ、歴史のみならず新幹線、在来線、高速道路、一桁国道など交通の便には恵まれている。しかし総合力となるとどうだろうか。まちの魅力は人の魅力と似ていると思う。容姿がよくても中身が伴わないとか、身体堅固でも精神が病んでいるのは問題があり、品行方正過ぎるのも面白くない……などと考えると健康で元気なことが一番となる。住民が健康で活き活きしているまちを作りたいと思った。

そこで一点悩ましい課題にぶつかった。総論賛成各論反対のＮＩＭＢＹ（ニンビー）である。〝ノット　イン　マイ　バックヤード〟の頭文字を組み合わせた言葉で、迷惑施設とも呼ばれるゴミ処理場や汚水処理施設、火葬場などを指す。いずれもなくてはならない公共施設であるが、自分の住む地区や近所には建設して欲しくないと声があがる。言葉は悪いが飴と鞭を使い分け、時間を掛けて誠意をもって地域住民を説得するしか方法がない公共施設整備の難題である。それらを先送りとしたことには忸怩たる思いがある。

公務は最大のサービス産業

現在の白石市の人口は３万２千人を割り込もうとしているが、私が勤めていた頃はまだ４万人台で市職員も約４００人を数えた。故に毎年多い少ないや職種の違いはあっても職員の採用があった。当然新入職員には初任者研修が付き物で、例年所管事項の説明はそれぞれの管理職が行うことになっていた。私は自分の所管分の説明を終えると、最後に必ず「公務は最大のサービス産業である」と伝えた。「どこに配属されても私たちは公僕である。すなわち私たちの仕事は市民にサービスを提供することにある。そのサービス内容は多岐多様にわたるが、最大のサービス産業を担う公共のしもべとしての誇りをもって仕事をして下さい」と話した。何をことさらに強調したのかと思うが、私が勤め始めた頃、庁舎を出て外で地元民と打合せをする機会があった時、出会った老婆に「お役人様」と声を掛けられたショックが尾を引いているのかもしれない。たかが市役所の若僧を「お役人様」と呼ぶ老婆の人生を推し量る機転や勇気は無かった。

2 公共施設の公共性

公共施設は誰のものか

白石市では「白石市空き缶等の散乱の防止に関する条例」を制定した翌年の1998（平成10）年から毎年春と秋に全市一斉クリーン作戦と称して市民総出のゴミ拾い活動をしている。参加して感じることとは、国道4号の土手斜面に投げ捨てられているゴミが多いことである。しかもきちんとレジ袋に纏めて包んである物が投げ捨てられている。そこまでやるならなぜ車の中に一時保管して、然るべきゴミ置き場を見つけた時に捨てないのだろうか、と思った。捨てた人は自分の家の敷地ならきっと捨てないだろう、と思った。

道路は国、都道府県、市町村と管理は分かれるがもちろん公共施設である（一部道路公団などが管理する道路もある）。では公共施設は誰のものだろうか。若い頃消防やし尿処理、ごみ処理などを県南9市町で広域処理する広域行政事務組合に派遣されたことがある。一部事務組合の計画策定のため、構成市町からそれぞれ派遣された一員である。そこで構成する各市町を廻って住民のヒアリングをした際、新しく作る施設はどこの市町のものになるのか、との話が出た。自分の町に作るなら自分の町のものになるのか、との質問である。その時は事業主体が組合なので組合のものになる、構成市町に直接には帰属しないとの説明がなされた。今でも国道は国のもの、市道は市のものと答える人が圧倒的多数だろうと思う。しかしそうだろうか。組合から市に戻って暫く経ってからのことだが、公共施設は皆のものである、と思うようになった。国で作った施設は国民のもの、県で建てた建築物は県民のもの、市で整備した公園は市のものではなく市民のものである。

学校は義務教育期間であっても私立の小中学校があり、いちいち公共施設かどうか考える人は少ないかもしれない。また、道路や橋梁は否応なく利用するのが常であり、その整備がどこで行われているか考える人は極々少ないと思われる。営団地下鉄や都営新宿線と利用するものに名称が付けられていれば多少所有者や整備したところ、経営者等を気にする人、話題とすることもあるだろう。一方最近は自治体の収入を考えてネーミングライツを導入することも多く、名称だけで公共施設かどうか判断できないことも多い。

いずれにしても、公共施設は皆のものであり、公共施設および施設に付随する公共空間は幸福感と安全安心の安らぎを提供するところであり、そう管理されなければならないと考える。公共施設は税金で整備される。つまり国民の汗の結晶ともいえる公共施設は、安心して生活できる、国民の生活を応援する場所であるべきである。そう考えると、簡単に道路にゴミを捨てる人は居なくなるのではないだろうか。

ハコモノ行政

２０２３年3月、東日本大震災と東京電力福島第一原発事故から12年が過ぎた機会を捉えて、地元紙の河北新報が福島に投じた復興予算についての検証記事が掲載された。その5段抜きの大きな見出しは「ハコモノ　投資か浪費か」だった。随分以前から「ハコモノ行政」はマイナスイメージで語られてきた、古くて新しい行政施策の命題である。

私が計画立案や予算要求などで係わった市の施設としては、白石市文化体育活動センター・ホワイトキューブ、武家屋敷、白石市古典芸能伝承の館・碧水園や温泉プール施設であるスパッシュランドしろいしなどがあるが、小中学校の新築や改築とともに立て続けに行われたことから、当時の市政を「ハコモノ行政」と呼ぶ市民も一部にはいたようである。また、たかが人口4万で一般会計予算が１００億程度の市が、なぜあのように次々と施設建設ができるのかと県内他市町の多くの職員から尋ねられた経験があり、隣接市町の

【復元白石城三階櫓】

（出所）八島定敏撮影

首長などが当時の市長の名前をもじって「川井マジック」と呼んだと聞き及ぶ。市長の耳に「ハコモノ行政」の批判が届いていたかどうかわからないが、施設建設の計画段階から市長は私たち担当者に「ハードとソフト」は施策の両輪であると繰り返し説いていた。つまり建物整備のハード面と、その施設を活用して行われるソフト面としての市民活動が相互にリンクしなければならない。ハードが整備されていなければ十分なソフト活動はできないし、ハードを整備しても利用されなければ宝の持ち腐れであると指導していた。そんな中で一点だけ、直接の利用を度外視した公共建築物があった。曰く「白石城は観光目的で作ったのではない。市民のプライドを喚起するために作った」そして「戊辰戦争で賊軍として負けた後、白石の片倉家中の優秀な人は皆北海道開拓に向かった。故に白石は人材不足で俺のようなボンクラの血筋しかいない」と市長が自虐的に語ったことを憶えている。

白石城は天守閣の代わりに三階大櫓のある大きいとは言えない平山城であるが、武家諸法度元和令の一国一城令の例外となった城である、と言われている。宮城県南の中心都市であり歴史や地の利などに恵まれながらも、都市機能が低下し人口減少が続いて元気のない市民に対し、藩政時代や明治・大正・戦前と隆盛を誇った仙南の雄都を思い起こして欲しいとの願いが込められた白石城復元事業だった。

ところが意に反し、観光目的の白石城訪問者が絶えない状況が続いた。市民の間にも「今まで遠くから来客があっても案内するところが無かったが、お城ができたおかげで案内できて良かった」と言う声があちこちで聞かれるようになった。おまけに、従来の白石には町内会の山車牽きと稚児行列の「春まつり」、企業や各種団体などが参加する白石音頭パレードの「夏祭り」があったが秋の祭典は無く、白石城で大坂夏の陣再現を模した『鬼小十郎まつり』が秋に開催されるようになって２０２３年で16回目を数える。

赤字の公営事業

後の「公立病院の運営」の項目でも触れるが、地方の公営事業はすべて赤字と言ってよいと思う。黒字になる訳がないからである。地方は人口が減少し反比例して高齢化が進むので、公共サービスを利用する人、受ける人が少ないからともいえるが、それだけではない。公営事業を含む公共サービスはシステム上儲けることができないからである。地下鉄やバス、上下水道や健康保険事業など、黒字になろうものなら運賃下げろ、利用料金を値下げしろの大合唱となるのが通例だからである。

そうでなくても、公営事業で実質黒字になることは極めて稀で、逆に赤字はどこまで許されるかが議論になることが多い。公営事業ではないが、私も施設を所管する配属先で、利用料金を改定する条例案を担当したことがある。近隣市町の類似施設の利用料金を参考にして改定案をまとめ議会に提出した際、収支の見込みが甘いのではないかと指摘を受けたことがある。住民代表の議員からすれば利用料金は安い方がよいので上げろとは言えないが、利用料金収入の何倍もの施設管理費が見込まれるとなると、利用予想人数の算定方法や利用料金設定の分類などで何も言わずにはいられなくて質問したように思えた。

道路、橋梁、公園などは言うに及ばず、学校や幼稚園、保育園、図書館などの公共サービスに対して赤字云々の話は出ないのに、なぜ公立病院事業や上下水道事業では赤字が話題になるのだろうか。それらは行政事務などを行う一般会計とは異なり、企業会計を採用しているので損益が分かり易い、あるいは金額が大きい所為かもしれない。いずれ公営事業の赤字は料金値上げや一般会計からの繰出し補填などで凌いでいるのが現実である。

では赤字は何処まで許されるのだろうか。ケースバイケースで、幾らまでならよいとか言いきれるものではないだろう。また管理者や運営の担当者は、何とかトントンにしたいと全力で頑張っているはずであるから、その姿や努力を見て「この赤字はやむを得ない」と決まることもあるかもしれない。

いずれ赤字続きの事業は経営難となり、存廃が話題となる。その代表例が地方の鉄道ではないだろうか。地方の鉄道は大多数が県や市町村が株主の第三セクターで運営される公共交通である。白石市も僅かな出資だが、宮城と福島の県境を走る第三セクター阿武隈急行の株主となっている。2023年4月21日、地域公共交通の再編に向けた関連法が成立した。経営難の地方鉄道の存廃を巡り、自治体や事業者が参加する「再構築協議会」制度を導入して、住民の利用を促して鉄道を存続させるか、バスなどに転換するかを議論するとのこと。1キロ当たりの1日平均乗客数を示す「輸送密度」が千人未満を導入の目安として、2019年度は100線区程度あったと報道された。

公共交通が不便だから自家用車に頼るのか、自家用車の普及が公共交通利用者を減らすのか、あるいは両者なのかもしれないが、損得勘定だけでは住民の福祉の増進を図れないのは間違いない。しかし限られた予算は有効に使われなければならない。集団就職列車で私の年代になじみの深い国有鉄道は解体され、全国津々浦々に設置された郵政公社の郵便局は民間会社に変わった。三公社五現業はすべて民営化もしくは独立行政法人となり、公営事業に対する私たち国民の意識を変える時が迫っているような気がする。

3　住民の命と健康を守る

産廃闘争

バブルがはじける前の1991年、開発申請を担当していた私の所に、3〜4か所のゴルフ場建設計画の話があった。市内には1977年にオープンしたゴルフ場があったが、白石市は当時宮城県内では2番目に広い面積を有し、地目区分で森林原野が7割を占めることから適地の余力があったのかもしれない。その後、市内小原地区にゴルフ場建設を計画した業者が裁判を起こした。起伏の激しい山林のため産業廃棄物を埋めて地面をならし、その後にゴルフ場を建設するという計画を白石市も宮城県も認めなかったからである。もちろん廃棄物の最終処分場はどこかに必要なことは疑うべくもない。問題は誰が何処に作り適切に管理できるか、異常事態が発出した場合に対応できるかということである。

白石には一般廃棄物の最終処分場がある。広域行政の役割としてゴミ処理事業があり、焼却および埋め立て処理を行うが、最終処分場の周辺では綿密な水質検査を実施している。ましてや最も厳格に管理しなければならない〝管理型〟の産業廃棄物最終処分場である。

営利を追求する民間企業に適切な管理ができるだろうか、想定外の事態に採算度外視の対応ができるだろうかという疑問が、開発計画書の細部から、また計画の進め方から顕著になったことによる行政の対応だった。

計画地は私有地(山林)だが、その下流に阿武隈川の支流である白石川が流れ、その白石川の下流から仙南仙塩広域水道が上水道を取水している現状がある。白石の上水道も一部さらに下流の伏流水を利用している。2023年3月、国内最大級といわれる産業廃棄物の不法投棄があった香川県土庄町の豊島で、投棄現場の整地工事が完了したとの報道があった。しかし地下水の環境基準達成の時期は見通せないとのことである。長期間飲んでも人体に影響が無いとされる環境基準を満たすには、10年以上かかるという専門家の意見もある。

「私たちのまち白石には歴史がある。街中に水の流れを確保してきた歴史がある。市民のみならず、訪問者に〝水のまち〟の印象を強く与えるその水は、湧水のように自然に与えられたものではなく、先人が血のにじむ苦労を重ねて築きあげたものである。その水が産廃排水の汚染にさらされることはなんとしても避けねばならない。これは先人に対して敬意と感謝の念を示すのみならず、子孫に対して現在を生きるわれわれの義務であり責任であると信じて疑わない[1]」、当時の市長はこの信念で、全国にも例のない首長主導の住民投票を行い、圧倒的多数の市民が建設反対の意思表示を示した。しかし計画業者は宮城県、白石市のほか市長個人も含めて5本の訴訟を起こした。

5本の裁判は2003年、いずれも原告の訴えが退けられて決着した。市民の命・健康にかかわる事業（施設）にこそ、より高い公共性が求められる証左であると考える。

公立病院の運営

白石市外二町組合立刈田綜合病院は、1882（明治15）年宮城県立宮城病院（現在の東北大学病院）白石分院として開設された。1890（明治23）年に白石町外10ヶ村組合の公立刈田病院として創立され、1957（昭和32）年白石市外二町組合に改称された。それまでは東北本線白石駅の西約300mのまち中心部に位置したが病院機能の充実に向けて手狭となり、2002（平成14）年に現在地に移転新築された。免震構造の低層3階建て、ユニバーサルデザインを採り入れたナイチンゲール型病院としての特長をもつ。

140年にわたり白石市、蔵王町、七ヶ宿町（宮城県の旧刈田郡全体）の住民の命と健康を守ってきた刈田綜合病院（以下「刈田病院」）は、宮城県南の中核的役割を果たす病院として地域住民に親しまれてきた。しかし地方公立病院の例にもれず、赤字経営が続いていた。「黒字で儲かる病院なら民間企業がやる、儲からないから公立でやるんだ」との声もあるが、赤字を解消する、あるいは赤字幅を減らす努力は当然必要である。

２０１９年3月、組合管理者の白石市長は赤字の続く刈田病院の公設民営化を打ち出したがほとんどの市民は知らず、翌２０２０年2月、厚労省施策である地域の病院機能の再編・統合を財政面から後押しする「重点支援区域」に刈田病院を含む仙南地域が選ばれたことに期待した。選ばれたのは全国で5か所のみであり、地元選出国会議員の働きにも感謝した。しかし、重点支援区域内の病院が連携を協議している中で行われた同年10月の市長選挙で、市長は刈田病院の公設民営化を公約に掲げ再選を果たした。河北新報の記事によると、10月26日に当選証書を受け取る際「公営と民営の違いがよく分からないという声も多く感じた。市民に理解してもらえるよう丁寧に説明したい」と述べたとある。

ところが市民への説明会も開かれないまま、同年12月、刈田病院を運営する組合議会で、組合管理者である市長は公設民営化を可能にする指定管理者制度導入の条例案を提出し否決された。さらに翌２０２１年1月、議会で否決された条例案を専決したと報じられた。もちろん副管理者である町長二人の合意は無く、地方自治法第１７９条に規定される長の専決処分にも該当しないと言われた。当然両町長の反発は大きく専決処分は撤回となったが、翌2月、今度は刈田病院を運営する白石市外二町組合を解散する方針を打ち出した。両町長も寝耳に水で、報道で知ったと報じられた。その後は以前からあった公設民営化反対の声が大きくなり、一方で市議会の市長与党といわれる議員の活動も活発化したように感じられた。結果刈田病院は2023年4月から白石市立病院となり、同時に指定管理者制度に則った公設民営の病院となった。

「病院の赤字が続くと、本体の市も財政破綻する」と病院管理者である市長が言ったとの話も聞くが、公設民営化を目指した根底には病院を無くしてはいけないとの思いがあったのかもしれない。ならば余計、再選を果たした時の言葉である「市民に理解してもらえるよう丁寧に説明したい」を鋭意実施すべきではなかったか。公設民営化した際に想定する診療科目や経費試算などの青写真を示すべきではなかったか。そんな具体的な議論もなく、「このままでは病院が潰れる。病院が無くなっても良いのか」「民間に委託したら次から次と助成金を要求される」「民営化しても赤字なら受託者はすぐ手を引く。そうなったら立て直すのは難しい」など結果を危ぶむ声しか聞こえてこなかったのは残念である。

いずれ公設民営化を公約に掲げて当選した市長には、選挙公約を実行しているだけだとの気持ちがあるかもしれないが、公共施設を活かすも殺すも管理者の熱意（知恵と工夫と努力）次第であることは間違いないと確信している。

4　最後に

「市民にとって善かれと思うなら、やれ。たとえ裁判に負けようとも、なんら恥じることはない」、40年近く前になるが、私が担当係長として開発行為の審査をしていた時の話である。市外の不動産業者から提出された開発申請が公序良俗に反すると考えられ、地域振興上好ましくないと判断した。しかし法的に規制をかけるものは見当たらず、市の開発指導要綱に基づく行政指導により阻止するしか方法が無かった。そのことを市の顧問弁護士に相談すると、もし裁判になると負けるので止めたほうがよいとの忠告だった。どうすべきか悩んだ末に上司に報告し相談の結果、市長の裁断を仰ぐことになった。そして市長室でそれまでの経過を説明した際、市長は開発計画が地域住民にとってどうかという一点だけを再確認し、続いて叱るように口にしたのが冒頭の言葉である。法令の条文だけで仕事をするのではなく、住民本位の職務遂行が最も大事である。地方公務員の本分を改めて知らされた思いだった。

繰り返しになるが、公共施設もその施設を作るための公共事業も、さらには公共空間もすべて国民、住民が安心して幸せに暮らすために存在するものでなければならない。さらに言えば社会は生き物であり、その時々の社会に合わせた法体系の整備や公務としての対応がどうしても遅れる傾向にあるが、目指すところは住民本位でなければならない。

民間事業といえども電気、通信、交通など生活に密着した事業にも公共性が求められることを鑑みれば、公共事業・施設はその運営で範を垂れるように公共性を発揮しなければならないと思う。世の中に存在しないことを願うが、公共事業・施設を私物化するような、あるいは自分勝手な思惑で運営されることがあってはならない。

どのような組織であれ、その目的に沿って効率的・効果的な運営が出来るかどうかは組織のトップに負うところが大きいはずである。特に公共事業・施設となれば、国民愛、郷土愛に溢れた、住民の生命財産、安全安心を守る使命に忠実な首長が運営しなければ公共性は守れない、と首長は肝に命ずべきである。

注

（1）新島洋・清水直子編著『闘う首長—自立する地方自治体とは　全国20市町村町の苦闘と挑戦』教育史料出版会、1999年、79-80頁

第8章

市民協働・拠点施設から公共性を考える
――府中市市民活動センター「プラッツ」の役割

府中市市民協働推進部協働共創推進課 課長
小塚栄志

1 府中市の概要

はじめに

府中市は、市民活動を積極的に支援し、促進するとともに、協働によるまちづくりを推進するために従来より地域コミュニティの拠点として利用されてきた文化センターに加え、府中市市民活動センター「プラッツ」を設置している。この「プラッツ」を含む、府中市の公共施設の運営や業務について、そして、現在府中市が進めている、市民など多様な主体とともに公共サービスを提供する市民協働の取組みについて認識を深め「公共性」を考えていきたい。

府中市の概要

府中市は東京都のほぼ中央に位置する都市で、新宿から西に約22㎞の距離にある。京王線の特急で新宿から20分。面積は29・43㎢で、その広がりは東西8・75㎞、南北6・70㎞。

1954年4月に、府中町（中心部）、多磨村（東）、西府村（西）の1町2村が一つになって、府中市が誕生した。2024年に市制施行70周年を迎える。現首長は高野律雄市長である。

現在の府中市の礎は、今から約1300年前の飛鳥〜奈良時代に武蔵国《むさしのくに》の国府が置かれたことに始まる。府中は国府がおかれたことで武蔵国（現在の東京都、埼玉県、神奈川県横浜市の大部分と、川崎市）の政治・文化の中心都市となり、鎌倉時代まで引き継がれた。府中市の地名は、国府に由来する。

プラッツのあるビル（ル・シーニュ）の西側は、国の天然記念物、「馬場大門のケヤキ並木」と呼ばれる大國魂神社《おおくにたまじんじゃ》への参道となり、源頼義・義家親子が前九年の役の戦勝祈願御礼としてケヤキの苗を寄進したことに始まると言われている。

大國魂神社は、この武蔵国の総社として長い歴史を有しており、平安末期には北条政子の安産祈願が行われたほか、徳川家康の死後、久能山から日光に移葬される際には、府中本町駅横にあった府中御殿にて一泊し、大国魂神社の宮司による祭祀がとり行われた。また、幕末には、近藤勇の天然理心流四代目襲名披露試合が行われている。

5月の連休に行われる、例大祭「くらやみ祭」は、国府の祭りを起源に伝統を守りながら継承・発展した全国的にも稀有なお祭りであるとともに、江戸時代から観光名所として紹介されてきた。現在では期間中80万人の人出でにぎわうので是非お越しいただきたい。

府中市の人口は約26万人。八王子56万、町田43万に次ぐ、東京・多摩26市では3番目に人口が多い市である(令和4年現在)。

ご承知のとおり、日本はまさに少子高齢社会が加速している状況であり、いよいよ人口減少時代に突入していく状況だ。2022年度から始まった府中市の第7次総合計画では、人口は当面微増傾向にあると推計されているが、2030年をピークに、減少に転ずると想定されている。

2 府中市の公共施設

公共施設とは何であろうか? これを地方自治法の定める「公の施設」と読み替えると、

それは住民の福祉の増進のために利用される施設となる（地方自治法第２４４条）。

また、「府中市公共施設マネジメント基本方針」では、公共施設とは「公共建築物」と「都市基盤施設」（以下「インフラ」とする）の総称であるとされており、いわゆる道路・下水道・橋梁なども公共施設に含まれる。

本章で取り上げる、文化センターやプラッツは、地域コミュニティの拠点として位置づけられ、また、市民協働や市民活動の取組みのために、行政や市民によって公共サービスが提供される施設であり、その意味で住民の福祉の増進を目的とした公共性が発揮される施設である。

市役所の業務

さて、読者の方々は、市役所がどのような仕事をしていると認識しているだろうか？２０２２年度府中市には11の部とその下に50の課、１２７の係がある。

業務の内容は、人の一生に寄り添うこと、子供を妊娠した時の母子手帳の交付からお墓の運営まで、まさにゆりかごから墓場までである。また、税金の徴収から「プラッツ」のある駅前再開発ビルの開発まで非常に幅広いさまざまな仕事を行っている。筆者も１９９５年の入庁時、福祉の仕事に就いて、ボートレース平和島での競走事業や、交通防犯対策事業、現職の市民協働推進事業などさまざまな業務にあたってきた。

さて、以下で、「公共性」を考えていくが、まず知っておいてもらいたいことは、府中市にはたくさんの部署があり、それぞれ所管している業務がまったく異なるということ。すなわち府中市が業務として取り扱う「公共」は非常に幅広いということである。

また、市の組織には毎年のように組織変更がある。その時代の市民ニーズに合わせて、新たな組織を作ったり、統合したりしている。地方公共団体が業務として求められる「公共」は非常に幅広く、絶えず変化しているということを認識していただきたい。

府中市の公共施設とそのマネジメント

先にも記したとおり、府中市は八王子市、町田市に続き、東京・多摩26市の中で3番目に人口の多い市である。そのような中、公立の体育施設は26市に738施設設置されているが、多い順に府中市68施設、八王子市60施設、町田市42施設。公立の社会教育施設数も全359施設中、府中市31施設、立川市29施設、小平市24施設となっており、府中市は他市に比べて多くの施設を所有している。[1]

文化センター

府中市には他市ではあまり聞かない特徴的な施設として「文化センター」というものがあり、市内11か所に、まんべんなく設置されている（図8-1参照）。

「文化センター」は、住民票や戸籍の発行を行う「行政窓口の機能」、会議室などの「公民館機能」、お年寄りが集う「高齢者福祉館機能」、子供の遊び場となる「児童館機能」、そして図書館を備えた複合施設として、昭和40年代以降、順次整備し、現在の11文化センターとなっている。開館以来、世代を超えて多くの市民に利用されるとともに、自治会、自主グループ（社会教育関係団体）、子供会、シニアクラブ、PTAなどからなる各文化センターを圏域とするコミュニティ協議会が結成され、お祭り（盆踊り）や文化祭などが催されるなど年間を通した行事が実施され、地域コミュニティの活性化を図っている。

筆者は生まれも育ちも府中なので、幼少期から、この「文化センター」で遊んでいた。また、青少年活動団体で指導を行っていたが、その際の活動の拠点も文化センターであった。

現在では、地域福祉コーディネーターによる困りごと相談や、災害時の避難所、介護予防講座、地域子育て支援事業など、時代とともに新たに要求されるさまざまな事業の拠点として、地域コミュニティの拠点として重要な役割を担っている。

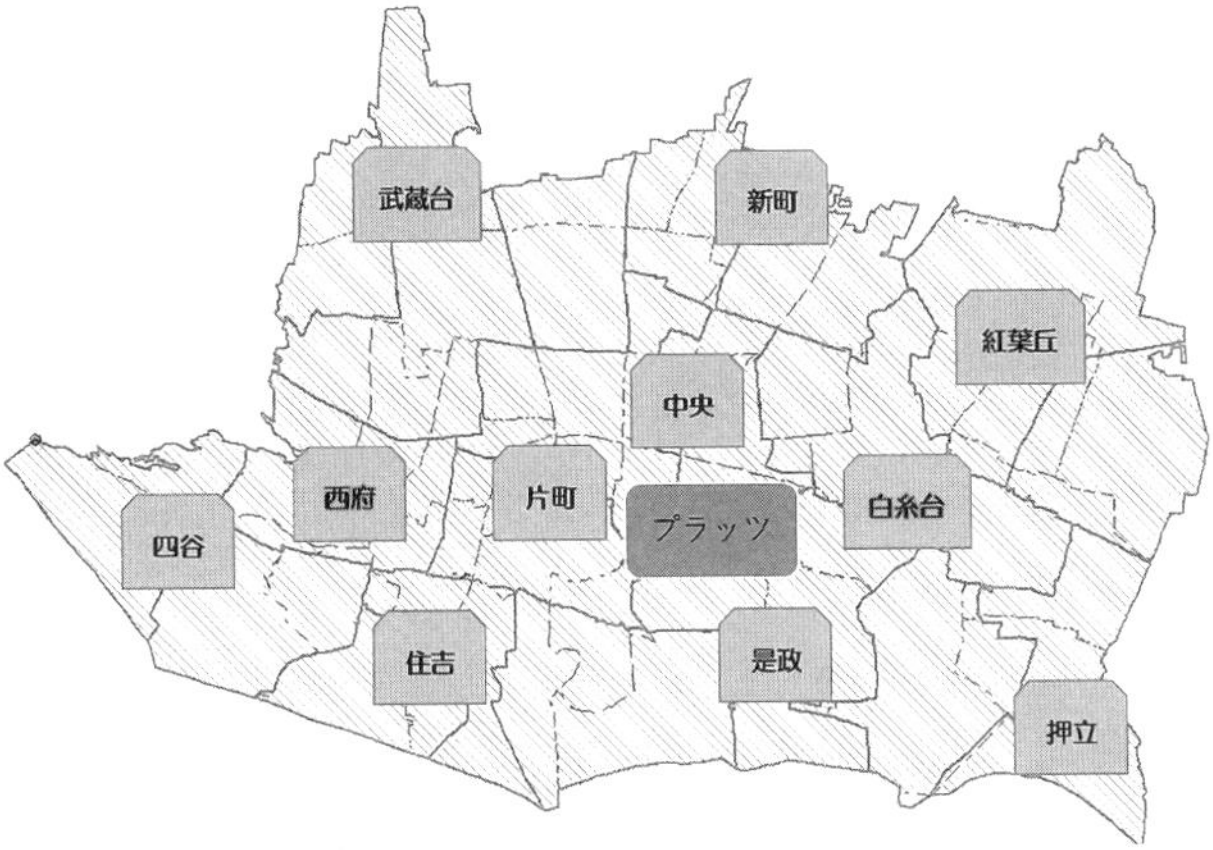

図 8-1　府中市文化センターとプラッツの所在地

公共施設マネジメント

　さて、ここまでご覧いただいた施設を含め、府中では、これまで時代のニーズに合わせてさまざまな公共施設を整備してきた。その結果、他自治体と比べて多くの公共施設を有している。

　これらの施設整備に当たっては、先ほど私の経歴の中で紹介させていただいたボートレース平和島で開催しているモーターボート競走事業の収益が活用されてきた。大田区にある平和島競艇は、実は府中市が主催している。ピークとなったバブル期の１９９０年度には年１６８億円もの収益が市の財政に繰り出された。１６８億円といっても、なかなかイメージできないかと思うが、２０２２年度の府中市の一般会計予算が１２００億円、２０２１年度の全国特別区および市町村の平均歳出決算額が３８５億円[2]であることから、府中市にとって競走事業がどれだけ重要な財源であったかがわかるかと思う。

一方で、現在、本市の公共施設の多くが建築後30年以上経過しており、老朽化が深刻な課題となっている。老朽化した施設の更新には多額の費用が掛かるが、これまで施設の整備に充ててきた競走事業からの繰出金は、近年は増加傾向にあるものの、バブル期のような多額の繰出金は難しい。そのため今後の維持管理の財源が課題となる。つまり、市が公共施設を維持管理していくためには財源が必要ということである。

また、人口構成や社会情勢が変化し、市民ニーズの多様化・高度化が進んだことで、公共施設に対するニーズも刻々と変化している。

社会環境や地域の特性に応じた適正な公共サービスの提供と、安定した財政運営を実現させるため、公共施設を計画的に管理・活用する必要がある。

3　市民協働

府中市市民協働の推進に関する基本方針

前述のとおり市民ニーズの多様化・複雑化は現在どの自治体も抱えている課題である。

多様化・複雑化した地域課題は、特効薬のように、何かしたらスッキリ解決できる、というものはほとんどなく、いくつもの要因が複雑にからみあっているので、行政だけでパッと解決できなくなっているのが現状である。だからこそ、行政だけではなく、いろいろな人たちが連携して地域課題の解決に取り組む「協働」が必要となってきている。

では、「協働」とは何か？

府中市では、府中市市民協働推進会議（会長藤江昌嗣明治大学教授、副会長青山亨東京外国語大学名誉教授）において、2022年に府中市の市民協働を推進するための基本的な事項を定めた「府中市市民協働の推進に関する基本方針」（以下「基本方針」）を策定した。その中では、協働という言葉を、次のように定義している。

「多様で多層な主体が情報を共有し、相互の立場や特性を認めつつ、対等の立場で、それぞれの役割を果たし、共通する課題の解決や社会的な目的の実現に向けて、公益的な価値を相乗的に生み出すため、連携・協力すること」

もう少しかみ砕くと、「協働とは、違う立場の人達が、地域の課題解決のために、それぞれの得意なことを生かしながら、対等の立場で協力すること」である。これをさらにかみ砕くと、「協働とは、府中を好きな人同士が、府中をもっと良くしようという目的にともに取り組むということ」となる。

いろいろな人たちが連携して、一緒に取り組むことで1＋1が3にも4にもなるように、「相乗的に」取り組んでいくこと、がポイントとなる。

さて、いろいろな人たちが連携して、と述べたが、具体的には、いろいろな人たちとはどんな人たちなのだろうか。基本方針では、市民協働に関係する主体を次のように位置づけている。

・**市民**：ここでいう市民は住民という意味ではない。市内に住む方はもちろん、働く方、学ぶ方、または活動するすべての人たちのことをいう。

・**地縁型活動団体**：自治会・町内会など。特に府中市においては、文化センターを中心としたコミュニティや、自治会同士をつなぐ自治会連合会が地域でのつながりづくりに大きく寄与してきた。地域に根差したこのような地縁型の主体と協働することで、防犯・防災・ごみ減量などの課題に対して、地域住民の声を取り入れて、地域の人たちと一緒に取り組むことができる。

・**目的型活動団体**：NPOやボランティア団体など。名前のとおり、福祉や環境、教育など、明確な目的をもって活動している方たち。目的型活動団体は、専門性が高い、モチベーションが高いなどの特徴があり、課題に対してきめ細やかに対応することができる。

・**教育機関**：学校・大学など。府中市内には、高校や国立大学など、さまざまな教育機関があり、学生によるボランティア活動や地域貢献が盛んに行われている。教育機関との連携では、学生が協力したり、教育機関がもつ専門知識を活用したりすることができる。

・**事業者・企業**：SDGsの採択などもあり、社会貢献が使命だと捉える企業が増加している。利益追求だけではなく、社会の課題に対して、企業が果たすべき役割を考え、実践している。

・**市**：市（行政）も、協働の主体の一つとなる。業務の中で市民と直に接することで、市民が抱える困りごとや課題を把握できる。そのような市民から寄せられた課題に対し、市だけで解決が可能であれば良いのだが、市だけで解決できないような課題の場合は、「府中市はこんなことに困っている」と広く発信し、一緒に取り組む仲間を集め、市民とともに、市民が住みやすいまちをつくっていくことが大切である。

では、府中市が目指す市民協働とはどういうものであろうか。

基本方針では、住みやすいまちにするために、市と市民の連携だけではなく、さまざまな市民同士（例えば、市民と企業や学校と企業、団体と団体）の協働を推進していきたいと考えている。市民と市、そしてさまざまな市民同士の協働のことを「市民協働」と定義している。そして、市民協働に関係する主体同士が協働で取り組む際は、効果的に事業が実施できるよう、意識するポイントがある。それを市民協働の原則と定義している。

(1) 目的共有の原則

なんのために取り組みをするのか、お互いにしっかり対話して、課題や目的を共有すること、同じゴールを共有することが大切である。

(2) 対等の原則

どちらも対等な協力関係であること。そして、役割分担をしっかりすること。ここでいう対等とは、どちらも同じだけ予算を出す・人員を出すという、なんでも半分、という意味の対等ではない。例えば、AとBで協働する場合、企画は両者で協力してやる。広報活動は、得意なBがやる。当日の運営はノウハウのあるAがやるなど、お互いが対等の立場で話し合いをして、両者が納得した役割分担をすることが大切である。

(3) 相互理解の原則

(4) 自主性尊重・自立化の原則

(5) 評価の原則

協働で事業を行ったときは、その質や効果を高めるために、一定の時期に、協働で行ったことを評価・検証する。「やってみる↓評価する↓改善してよりよいものにする」ということが大切である。

(6) 情報公開の原則

また、市民と市との協働の関係性について、図8-2をご覧いただきたい。これは、市民と市との関係性と、協働事業の領域をあらわした図である。左側にいくほど市民の主体性が強くなり、右にいくほど市の主体性が強くなる。市民だけで解決できるものもあるし、逆に、市だけで解決できるものもある。

この図では、多様化・複雑化する課題に対して、お互いが協力しあって解決を目指す多様な関係性・領域があることを示している。多様なスクラムの組み方があるのである。

協働は、あくまでも、よりよいまちづくりのため

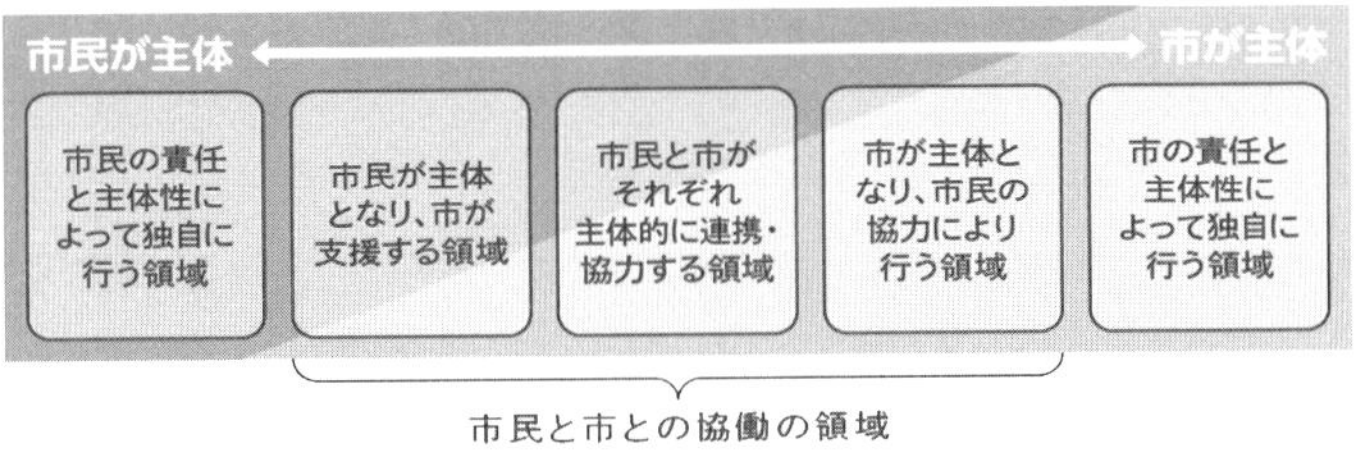

共催 / 実行委員会・協議会 / 事業協力 / 委託 / 後援・協賛 / 補助 / 政策形成過程への参画

※ ▇ は市民，▇ は市の，各事業における関与の程度を表す。

図 8-2　市民と市の完成性と協働事業の領域

(出所)「府中市市民協働の推進に関する基本方針」より

の「手段」である。なんでも協働すればいいというわけではなく、解決したい課題に対して、市民だけ、もしくは行政だけで取り組んだ方がいいのか、それとも協働でやったほうがいいのか、というところから検討することが行政運営に求められるポイントとなる。

市民協働の取組み

市民と市との協力による取り組みというと、どのようなことを思いつくだろうか。2022年度には、市民と市との協働事業が約200件実施されている。

まず、思いつくのが、自治会などによるごみ拾い活動や通学時の子どもの見守り活動だろう。このような取組みも非常に大切であるが、もう少し違った協働事例としては次のものがある。

セブン-イレブンでの市内福祉作業所製品の販売

例年、福祉作業所の連絡協議会と市が連携し、福祉作業所で作った製品を、ショッピングセンターやイベントなどで販売することで、売り上げや障害のある方の活動の周知につなげていた。コロナ禍によってそのような機会が激減したが、その後、セブン-イレブン・ジャパンでの販売が始まった。障害のある方の活動についてセブン-イレブンのオーナーの方々に知ってもらうことができ、地域の課題のために役に立てたという思いにもつながった。

習慣化アプリ「みんチャレ」を活用したフレイル予防事業

習慣化アプリ「みんチャレ」はウォーキング等を通じ、加齢による身体の衰えを予防（フレイル予防）するアプリである。府中市では、お年寄りの方に、このアプリを活用してもらうため、使い方講座を市内大学生らの協力のもと、アプリ提供事業者とともに開催した。また、参加者意欲の向上に向け、社会貢献に意欲のある企業を募り、アプリのチャレンジで貯めたコインを寄付すると、企業がフードバンクに食品等を寄贈する仕組みの構築を行った。

幅広い市民（市、大学生、高齢者、企業、市民活動団体（フードバンク）、フードバンク利用者）それぞれにメリットが生まれる協働事業となった。

府中市市民活動センター「プラッツ」

「プラッツ」は地域の課題を地域住民自らが、主体的に解決していく取り組みや、さまざまな主体が協働で行うまちづくり、さらにソーシャルビジネスの起業まで、幅広い市民活動を応援するため、２０１７年７月に開設した施設で、京王線府中駅から直結の商業ビル「ル・シーニュ」の5・6階部分、約6000㎡の床面積となる。

・**スペースとして**：市民活動団体の打合せや作業、会議、イベントに使える有料・無料のスペース、会議室、定員284名のホール、企業支援コーナー「ソーシャルビジネスラボ」がある。

・**交流として**：組織間のネットワークづくりのための交流会や、市民協働祭りなど、さまざまな機会を通じ、交流や市民活動団体のPRを図ることができる。

・**学び・相談として**：市民活動のニーズに沿った講座、講演会、個別相談、団体設立のための相談を専門相談員がマンツーマンで実施する。

・**資金・ノウハウとして**：府中市の助成金をはじめ府中市やプラッツが取り組む協働事業補助金、民間の各種助成金などの相談、伴走支援。また、ソーシャル・コミュニティビジネスについて、専門アドバイザーによる個別相談が受けられる。

4　場、建物、空間から「公共性」を考える

府中市市民活動センター「プラッツ」の役割を通して

行政が行う業務、今回のテーマである「公共性」は非常に幅広く、絶えず変化している

とともに、増加している。例えば、筆者が市役所に入庁した時には、コミュニティバスは無かったし、歩きたばこの禁止や受動喫煙の防止などというルールも無かった。歩きたばこの禁止のために市では条例を作っている。一方で、そういったルールを作れば作るほど、その運用には費用がかかる。

今後も社会情勢の変化や市民のニーズの変化、増加によりさまざまな課題解決が求められると思う。しかしながら、行政が実行できる業務量には財源的にも、人員的にも限界がある。人口減少が見込まれる中、魔法のように税収が上がることは考えづらい。健全な地方財政は地方自治体という公共空間では地域経済とともにその両輪であり、これは、府中市だけではなく全国の地方自治体共通の課題である。

府中市ではこのような、複雑・多様化する社会環境に対応するため、2014年度に「市民協働都市」を宣言し、市民協働によるまちづくりを進めるとともに、2017年には市民活動センター「プラッツ」を設置し、その担い手の育成に努めてきた。

また、昭和40年代以来、複合施設である「文化センター」を整備し、地域コミュニティの醸成を図ってきた。さらに野球場や体育館などのスポーツ施設を整備。どの施設も、高い稼働率で利用されている。

このように府中市は市民活動を行うために必要な建物、施設、方針等を次々と整備してきた。そして、これらの場、建物、空間に多くの市民がさまざまな公共的な意思をもって集っている。

今後は、こうした場、建物、空間に集った、多様で多層な市民協働の主体が、これまで以上に連携を深めることにより、公益・公共的な価値を相乗的に生み出せるよう、その連携をコーディネートする機能が求められている。府中市では市民活動センター「プラッツ」を中心に市民活動のネットワークづくりを進めている。

府中市を含む他の自治体では、今後ますます、さまざまな地域の主体と連携を深めながら、まちづくりに取り組んでいく市民協働が求められている。

読者の皆様も、ぜひその担い手の一人になっていただけると幸いである。

注

(1)「多摩地域データブック　2022(令和4)年版」　公益財団法人東京市町村自治調査会、68-69頁

(2)「地方財政の状況　令和5年3月」総務省

第9章 図書館から公共性を考える

元 明治大学 学術・社会連携部長
飯澤 文夫

1 情報・コミュニケーション空間としての可能性

図書館の公共性とはなにか―無料利用の原則

図書館とはどのような存在であろうか。

ここで取り上げる図書館は、私たちの生活の身近にあり、いつでも誰もが自由に、しかも、無料で利用できることを当たり前のこととして受け入れている、いわゆる街の図書館＝公共図書館である。

わが国に公共図書館の概念を紹介したのは福沢諭吉である。1866（慶応2）年刊行の『西洋事情』で、ロンドンなどに、日用の書籍から古書珍書まで多数備えた図書館（「文庫」）があり、貸出しはできないが、民衆が随意に読むことができて、納本制度も採られていると記した。

明治時代半ばになると、わが国でも各地に公共図書館が誕生してくる。しかし、多くは、館内閲覧料や貸出料を徴収する有料制であった。

無料利用が確立するのは、1950年に制定された「図書館法」[1]で「公立図書館は、入館料その他図書館資料の利用に対するいかなる対価をも徴収してはならない」（第17条）と規定してからである。

同法は「社会教育法」の精神に基づいて制定されている。その「社会教育法」は、「教育基本法」に則り、「教育基本法」は、「日本国憲法」の精神に拠っている。「教育基本法」は、民主、文化、平和、福祉の理想を実現するために、個人の尊厳を重んじ、真理と正義を希求し、公共の精神を尊び、豊かな人間性と創造性を備えた人間の育成を期するとともに、伝統を継承し、新しい文化の創造を目指す教育を推進すると謳っている。これは公共図書館の目指すところと重なる。こうしたことから「図書館法」、すなわち公共図書館は、「日本国憲法」の理念に立脚したものであると理解できる。

公共、学校、大学、専門など館種を超えた図書館と図書館員の職能団体である日本図書館協会が、１９５４年に「図書館の自由の宣言」(2)を採択した。戦前の図書館が、思想善導機関として、国民の知る自由を妨げる役割さえ果たした歴史的事実があるとの反省から、「図書館は、基本的人権のひとつとして知る自由をもつ国民に、資料と施設を提供することを、もっとも重要な任務とする」ことを国民に約束したものである。

図書館は憲法が保障した国民の「知る自由」を実現する場としての重大な責務を負っている。それには常に開かれたものでなければならず、無料利用の原則はその基盤である。

東日本大震災から学ぶ

２０１１年3月11日に発生した東日本大震災は、太平洋沿岸の福島、宮城、岩手三県を中心に、神奈川県から北海道、内陸の長野県にまで及んで甚大な被害をもたらした。これら地域の図書館は、程度の差こそあれ、すべてで被害あるいは影響を受けた。震災から一年経った宮城県内の状況は次のように報告されている(3)。

ア　津波による建物全壊・全蔵書流出　本吉郡南三陸町図書館など4館
イ　建築物応急危険度判定で「危険」判定　名取市図書館など3館
ウ　施設被害が大きかった図書館　気仙沼市気仙沼図書館など多数
エ　避難場所になった図書館　石巻市図書館など6館

浸水域にあったアの図書館は特に深刻で、南三陸町図書館では、館長が命を失った。高台や内陸部にあって津波被害はなくても、多くが長期休館やサービスの一部を休止した。宮城県図書館は、建物被害はほとんどなかったが、開架書架の30万冊が落下し、一か月かけて復旧したところで余震に遭い、再び落下する事態に見舞われている。

原発立地の福島県双葉郡富岡町は、沿岸部は壊滅的な被害を被ったが、図書館は高台にあるため、図書の落下だけにとどまった。しかし、町全体が帰宅困難地域に指定されたことで、落下した図書を放置したまま、8年に及ぶ閉館を余儀なくされた。

図書館の復旧について、アの事例の宮城県牡鹿郡女川町をみておこう。

同町は美しいリアス式海岸に天然の良港をもち、遠洋・近海漁業の基地として知られる。震災前の人口は約1万人、住宅総数約4400戸の小さな町であった。その人口の一割が犠牲になり、住宅の七割以上が全半壊した。元々独立した図書館はなく、生涯学習センター二階に置かれた4万冊の蔵書を有する図書室が町立図書館の役割を担っていた。

図書室とは別に、6月には絵本図書館の開設が予定されていた。その絵本4万冊も流されてしまった。だが、当初予定より一か月も早い5月、町立第二小学校の一角に、「女川ちゃっこい絵本館」がオープンした。これは、ユニセフの支援と、民間団体や企業からの5千冊の寄贈があったからである。開館初日、散り散りになった避難所から詰めかけた子どもたちに向かって、町の教育長は「名前はちゃっこい絵本館ですが、大きな夢とたくさんの本がつまった絵本館です」と語りかけた[4]。

一方、図書室の再建は、同町出身で町の復興計画策定委員となった福島大学名誉教授今野順夫氏の力によるところが大きい。同氏は復興には、「防災や新たな住宅の建て直しはもちろん重要です。しかし、衣食住に劣らず必要なのは、心の建て直しです。絵本館、学校の図書室、町民の読書に対する支援、心の支援が必要です。」「いまだに不安を抱えながら生活している子どもたち、厳しい現実に直面して将来を見通せない大人たちが女川にはたくさんいます。今だからこそ、誰もが心をいやす時間と場所が必要です。[5]」と訴えた。

【女川つながる図書館の窓】

（出所）写真提供：READYFOR

© 女川つながる図書館，2012 年

町内外から多くの資金と本が寄せられ、震災からわずか一年後の２０１２年３月、女川勤労青少年センター内（現在は新庁舎内）に、その名も「女川つながる図書館」として開館した。瓦礫の撤去は進まず、被害状況すらも把握しきれていない状況の中で、小規模とはいえ、壊滅した図書館を一年で復旧させた女川町の取り組みは他に例をみないことである。

復興といえば、インフラ整備と衣食住の確保に意識がいきがちであるが、被災住民は、それと同時に、心の拠り所やコミュニケーションの場としての図書館機能を求めたのである。いま一つ、震災によって強く認識された図書館の機能に、土地の記憶の伝承と発信がある。

福島県立図書館は内陸部にあり、蔵書被害はなかったが、開架スペースの天井が損傷し、4か月間閉館した。再開に合わせ、県民の心に未来への希望や力を呼び起こして欲しいとの願いから、県の文化、歴史、自然と、災害・復興を記録した資料や過去の災害資料を展示する「災害を乗り越える！私たちのふるさと展」を開催した。

【福島県立図書館　東日本大震災復興ライブラリー】
（出所）2012年6月6日，飯澤文夫撮影
現在はレイアウトが変更されている。

さらに県民に向けて、震災関連資料の寄贈を呼び掛けた。震災写真集・記録集から、調査報告書、復興計画書、震災記事が掲載された自治体発行広報誌・ミニコミ誌・フリーペーパー、個人発行の手記や詩集まで、あらゆるジャンル、形態の資料が集まり、所蔵資料と合わせて3千タイトルを超えた。それにより2012年4月に、「東日本大震災福島県

復興ライブラリー」を公開し、同ライブラリーの『ブックガイド』も発行した。

同様の取り組みは、宮城県図書館「東日本大震災文庫」、仙台市図書館「3・11震災文庫」、岩手県立図書館「震災関連資料コーナー」、規模は全く違うが、町面積の半分が浸水した宮城県亘理郡亘理町の図書館でも、書棚二段分の「震災コーナー」を設置するなど、被災各地の図書館がそれぞれの事情に見合った形で、住民の協力を得て資料収集をし、積極的な情報発信に努めた。

岩手、宮城、福島の県立図書館と国立大学附属図書館、仙台市図書館は、阪神・淡路大震災を経験した神戸大学附属図書館の支援を受け、共同キャンペーン「震災記録を図書館に」を展開し、図書館は震災記録を収集しています、永久に保存します、公開し後世に伝えますと呼びかけ、被災地域の中核図書館としての役割を果たしている。

国立国会図書館も、あらゆる記録・教訓を次の世代へ伝え、被災地の復旧・復興事業、今後の防災・減災対策に役立てられるようにと、全国の取り組みを網羅したポータルサイト「ひなぎく　NDL東日本大震災アーカイブ」を立ち上げた。

「図書館法」に、図書館のサービスは、土地の事情及び一般公衆の希望に沿って行うとある。公共図書館はこれまでも図書館が置かれた地域の郷土史や行政資料を収集・保存し、郷土資料室（コーナー）を設けている。福島県は震災に加えて原発という困難な課題を抱えこむことになった。県立図書館の復興ライブラリーは、『楢葉町史』など故郷を失った地域の歴史資料を集めた「役場移転を余儀なくされている町村の歴史」コーナーを特設し、『ブックガイド』も「原子力問題・過去の原発事故」を冒頭に掲載している。地域と住民の課題解決に公共図書館が向き合う一つの事例である。

パンデミックから学ぶ

２０２０年1月にわが国で最初の新型コロナウイルス感染者が確認され、たちまち全国に波及した。経験のない感染病に国内がパニックに陥った。公共施設は閉鎖もしくは大幅にサービスを縮小した。3月には全国の小中学校、高校、特別支援学校が一斉休校。4月には首都圏を中心に緊急事態宣言が発令されて、街から人が消える事態になった。

こうした中で、3月5日付『朝日新聞』の「声」欄に、「まちの図書館が業務縮小　疑問」との投書が掲載された。図書館が予約した本の受け取りのみで、開架書架への立ち入りなど、滞在型サービスを休止するのはやり過ぎではないか、「学校が急に休校になって、行き場や学ぶ場を失った子どもたちにとっても図書館は重要な場なのに」との疑問が呈された。

これを受けて同紙は、4月15日の同欄で、「どう思いますか　図書館のウイルス対策」

を特集し、図書館員を含む5名の意見を掲載した。図書館員は、業務を縮小したい司書はおらず、感染リスクを避ける苦渋の措置だと述べた。利用者からは次のような意見が寄せられた。行動制限で精神がまいっている、「図書館は高齢者の居場所としてなくてはならない存在だ」。「公立図書館の利用のしやすさは、自治体の教育への熱意のバロメーター」であり、このような時だからこそ工夫すべきだ。万全な感染対策をとって開館して欲しい。また、休館に対して、異論や窮状を訴える意見をあまり目にせず悲しい思いがするとの声もあった。新聞が社会問題として取り上げたことを図書館は重く受け止め、利用者の期待にしっかり応えなければならない。

一方、図書館を閉ざさないことを打ち出した図書館もあった。

青森県立図書館児童室は、学校の一斉休校を受けて、読書を通じ、子どもたちの自宅待機中の生活・学習を応援するとのメッセージを発し、開室時間と貸出期間の延長を行った。千葉県成田市立図書館も、国から市民の行動変容と強い行動自粛が呼びかけられ、長期に及ぶ対応が必要と想定されることから、休館やサービスの休止ではなく、利用者に感染拡大のリスクを下げる行動をとってもらうことで、サービスの継続を図るとした。

東日本大震災においては前述したように、被災各地の図書館で、震災資料の収集や展示会、ポータルサイトの開設により情報発信が行われたが、新型コロナウイルスでも同様の取り組みがあった。

鳥取県立図書館は、感染を恐れるだけでなく、新しい生活様式を実践しながらウイルスと共存していかなければならない、また、感染者等に対する誹謗中傷やプライバシー侵害が起きており、人権への配慮やデマに惑わされない正しい知識が必要であるとして、感染症の歴史、新型コロナウイルス感染対策と予防、人権と情報リテラシー、テレワークなど新しい働き方ほかの資料を集めた「新型コロナウイルスについて知る」コーナーを設置した。

沖縄県立図書館は、ホームページ上に、外部サイトとリンクできる「新型コロナウイルス関連情報サイト一覧」を開設した。

東日本大震災と新型コロナウイルスという過酷な事態に直面したことで、住民が図書館に期待するものと、社会における図書館の存在意義すなわち公共性が浮き彫りにされたといえるのではなかろうか。

2　居場所としての図書館

ケーススタディ　明治大学和泉図書館

公共図書館からは外れるが、居場所の視点から、明治大学和泉図書館をみておきたい。同館は2012年、「人と人・人と情報を結ぶ架け橋（リエゾン）[6]」を基本コンセプトに、大学創立130周年記念事業のキャンパス総合環境整備計画における和泉キャンパス（東京都杉並区）の新たなシンボルとして新築された。同キャンパスには、人文・社会科学系6学部の一、二年生と、一研究科の学生約1万人が学んでいる。

大学図書館の使命は、教育・研究・学習に資することにある。それに必要な資料・情報を収集、提供し、学術性の高い資料は文化継承の意味から大切に保存している。資料はデジタル化が進み、新型コロナウイルスの感染拡大で施設利用が制限される中では、オンラインでの遠隔利用システムが大きく力を発揮した。また、流通する膨大な情報を批判的に検証できる力（情報リテラシー）を獲得するための教育の場としての役割も果たしている。

施設面では近年多くの図書館が、東日本大震災と新型コロナウイルス下で住民が図書館に期待したのと同様の、居場所、コミュニティの機能を重視するようになってきている。

和泉図書館の設計思想[7]は大きく次の三点である。①身体・人間の視点（利用者を優しく包みこむ空間）、②生活の視点（さまざまな利用者の目的に対応できる居場所）、③産業の視点（省エネ、将来の汎用性）。その具体的イメージとして、「入ってみたくなる図書館」と「長時間滞在型図書館」を掲げている。

利用学生のほとんどが一・二年生であることから、大学図書館に興味をもち、使い慣れてもらう必要がある。入口から奥へ、一階から上階（四階建）へと、空間のグラデーション（ゾーニング）になっている。1階入口付近は図書館に誘う賑わいを演出し、上階の奥に行くにつれ静寂に満ちた雰囲気をかもし出している。それに応じて、家具デザインや内装の色彩は、ポップ調から重厚感あるものに、図書の配架は教養書・娯楽書から学術書・専門書に変化していく。「入ってみたくなる図書館」は、まずは気軽に入館し、やがてアカデミックな存在であることに気づいてもらおうという仕掛けである。

【明治大学和泉図書館２階　コミュニティーラウンジ】
（出所）写真提供：明治大学，2012 年

「長時間滞在型図書館」は、設計思想①の木質

仕上材を多用した内装や、洒落た家具デザイン、自然光と間接照明などから感じる心地の良さと、②の多様性である。

すべてによく考えられた図書館であるが、あえてキーポイントを絞れば、ハード面では2階のコミュニケーションラウンジ、ソフト面は1階に配置されたサーチアシストであろう。

コミュニケーションラウンジは階層全体を、学生同士のふれあいと、グループ活動・学習の場とし、オープンスペースと大小6部屋からなる。オープンスペースには、さまざまな形をしたカラフルでカジュアルなソファーやスツールが置かれている。部屋はガラス張りで、外からも中からも互いの活動に関心をもち、刺激し合う効果を狙っている。

サーチアシストは、従来のレファレンスサービスよりも踏み込んで、利用者とじっくりと向き合い、文献調査結果の解説や、読書案内、レポート・論文の書き方相談など、いわば心の支援ともいうべき任務を担っている。

利用者はこの図書館をどのように評価しているのか。経営学部が開講している「公共経営学特別講義」で、毎年和泉図書館の協力を得て、基本コンセプトや設計思想を細かく析出した評価票を作成し、フィールドワークと調査を実施している。それによれば、居心地の良さや学生同士のコミュニケーションの面は非常に高評価である反面、サーチアシスト機能の認知度は残念ながら高くない。図書館の発信力の問題もあるのかもしれない。

良い図書館は図書館側の努力だけではできない。利用者の評価を図書館経営に反映させる、差し当たっては、利用者参加型のPDCAサイクルが必要ではないだろうか。

インフォーマルな公共空間「サードプレイス」

「もうすぐ二学期。学校が始まるのが死ぬほどつらい子は、学校を休んで図書館へいらっしゃい。マンガもライトノベルもあるよ。一日いても誰も何も言わないよ。9月から学校へ行くくらいなら死んじゃおうと思ったら、逃げ場所に図書館も思い出してね。」(8)

2015年8月26日、夏休みも終わろうという時に鎌倉市図書館が投稿したこのツイートは、一日で一万回もリツイートされた。二学期初日の9月1日に子どもの自殺が集中していることは、内閣府の『自殺対策白書』でも指摘していることである。図書館の役割なのかといった批判もあったが、重大な問題提起となった。

こうした図書館からの発信は、すでに1980年代にアメリカでなされている。図書館学のテキスト(9)で、積み上げた本の前でこめかみにピストルを当てる人物のイラストに添え、自殺をしようと思っているなら、止めて図書館にいらっしゃい、図書館には課題解決のためのガイドや文献があり、図書館員もいると記している。

同じ頃、アメリカの都市社会学者レイ・オルデンバーグ（Ray Oldenburg）は、古来すぐれた文明や都市の成長と洗練を促したのは、その内部で生成した気楽に人のよく集まる公共の場であったが、現代のアメリカ社会は豊かさを求め、産業化、効率化、合理化と劣悪な都市計画を進めた結果、人と人との多様な触れ合いを育むことができなくなってコミュニティが衰退したと指摘し、そうした事態を変えて行くためには、コミュニティの核になるとびきり居心地のよい第三の場所が必要であると論じた[10]。

第一の場所は家庭、第二の場所は職場や学校、第三の場所は、相互扶助や協同精神を生んだイギリスのパブ、文学や啓蒙思想のサロンとなったフランスのカフェのようなインフォーマルな公共の場、お気に入りのたまり場、心の居場所である。第一、第二の場所には、義務や評価、管理が伴うが、第三の場所は誰もが平等で自由である。そこでの出会いと交流は社会的スキルや他者との信頼関係と肯定的人生観を育て、地域社会と民主主義社会を活性化させ、個人と社会との関係を取り持って社会関係資本を形成する。やすらぎのあるコミュニティは、この三つの場所のバランスがとれて、成立するのだという。

改めて図書館の公共性とは

公共図書館は住民の課題解決に必要な資料・情報を収集し、提供する努力を重ねている。大学図書館も大学の教育・研究方針に従って同様の努力を払っている。だが、建物を設置し、資料・情報を保有すれば、それだけで社会関係資本となり、公共性をもつわけではない。

これまでみてきたように、被災地の復旧に衣食住と同等に図書館を求める住民の動きや、新型コロナ下で閉ざされた図書館への異議申し立て、人と人・人と情報を結ぶ架け橋をコンセプトとする明治大学和泉図書館の取り組み、また、鎌倉市図書館やアメリカでの呼びかけが、居場所、サードプレイスとしての図書館の在り方を教えてくれている。住民、利用者が声を上げ、図書館がそれをしっかり受け止めて信頼関係を構築する。それができた時に初めて図書館の公共性が確立するのである。

さらに付け加えれば、そこには、専門性とカウンセリング・マインド、社会的スキルを備えた図書館員、サーチアシストの存在が不可欠である。その図書館員と利用者が、気軽に言葉を交わす雰囲気に満ちた「雑談のできる図書館」こそが、「とびきり居心地のよい場所」と考えるのだが、いかがであろうか。

注

（1）「図書館法」は公共図書館を規定したもので、自治体が設置する公立図書館と財団法人等が設置する私立図書館に分けられる。私立図書館には、「東京子ども図書館」（東京都中野区）などがある。多くは公立図書館と同様に無料で一般に公開されている。

（2）　１９７９年に改訂。日本図書館協会「図書館の自由に関する宣言」 https://www.jla.or.jp/library/gudeline/tabid/232/Default.aspx（２０２３年5月31日閲覧）
（3）　熊谷慎一郎「図書館の役割を問い直す―東日本大震災の経験から」『日本生涯教育学会年報』第33号、２０１２年、１５７-１６８頁
（4）　ユニセフ「東日本大震災緊急募金　第五三報「ちっちゃな図書館」が「ちゃっこい絵本館」に」https://www.unicef.or.jp/kinkyu/japan/2011_0511.htm（２０２３年5月31日閲覧）
（5）　今野順夫「被災地の「女川つながる図書館」を大好きな本でいっぱいにしよう」https://readyfor.jp/projects/tsunagaru_library（２０２３年5月31日閲覧）
（6）　柴尾晋「明治大学和泉図書館が目指すもの―その機能とサービス」『図書館雑誌』第１０７巻第9号、２０１３年、５６３-５６５頁
（7）　GOOD DESIGN AWARD「受賞ギャラリー　２０１３グッドデザイン賞　明治大学創立１３０周年記念和泉図書館　株式会社松田平田設計「受賞対象の詳細」」https://www.g-mark.org/gallery/winners/9d9c2a74-803d-11ed-862b-0242ac130002（２０２３年5月31日閲覧）
（8）　鎌倉市図書館ツイッター　https://twitter.com/kamakura_tosyok/status/636329967668695040（２０２３年5月31日閲覧）
（9）　Roberts, A.F., *Library instruction for librarians (Library science text series)*, Libraries Unlimited, 1982, p.46
（10）　レイ・オルデンバーグ著、忠平美幸訳、マイク・モラスキー解説『サードプレイス―コミュニティの核になる「とびきり居心地のよい場所」』みすず書房、２０１３年（原著、*THE GREAT GOOD PLAC*, 1989）

インタビュー・エリアマネジメントと公共性

淡路町二丁目西部地区市街地再開発事業（ワテラス）とエリアマネジメントを通して

（一社）淡路エリアマネジメント事務局 マネージャー

堂 前 武

聞き手：藤江昌嗣／於：WATERRAS 会議室 2023年4月28日

ワテラス（WATERRAS）は、「ワテラスタワー」と「ワテラスアネックス」の二つの建物からなる。オフィス、レジデンス、学生マンション、商業施設、コミュニティ施設（ホール、ギャラリーなど）で構成される複合施設であり、再開発事業の総面積は2万2千m²にもおよぶ。これらの施設は、神田淡路町が培ってきた、「和」「輪」「環」の三つのWAをコンセプトにデザインされ、地域住民、就労者、学生、来街者が自由に活動し交流し憩う、新しいコミュニティが育まれる場所として、人が行き交い活気づいていくまちづくり、人情と情緒を大切にする淡路型コミュニティのさらなる発展に貢献してきている(1)。

堂前武さんは、大学卒業後、2004年に安田不動産株式会社に入社、再開発業務に携わり、「淡路町二丁目西部地区市街地再開発事業(ワテラス)」には、2008年から都市計画決定と権利返還に取り組んだ。その後、2017年からエリアマネジメント(以下、エリマネ)事務局業務に従事し、現在に至っている(2)。

――ワテラス(WATERRAS)について、再開発の経緯、その竣工前後について教えてください。

再開発の経緯ですが、そのきっかけは、1993年3月の淡路小学校統廃合(昌平小学校への統合)になります。地域の核となっていた小学校が統廃合でなくなり、また、大企業の撤退があり、オフィス等高層建築は増えたものの、人の流れが形成できず、地域住民はじめ就労者、学生等が自由に活動し、交流し憩う、新しいコミュニティの形成が課題となっていました。

こうした危機意識を背景に、1997年7月に「淡路地域街づくり計画推進協議会」が発足し、4年後の2001年4月に「淡路町二丁目地区再開発準備組合」が発足しました。そして、2002年6月に秋葉原・神田地域が「都市再生緊急整備地域」に指定され、2003年12月には、17・19番街区が編入され、対象区域が拡大されました。

その後、2007年4月に「都市計画」(九つの地域貢献)が決定され、2008年6

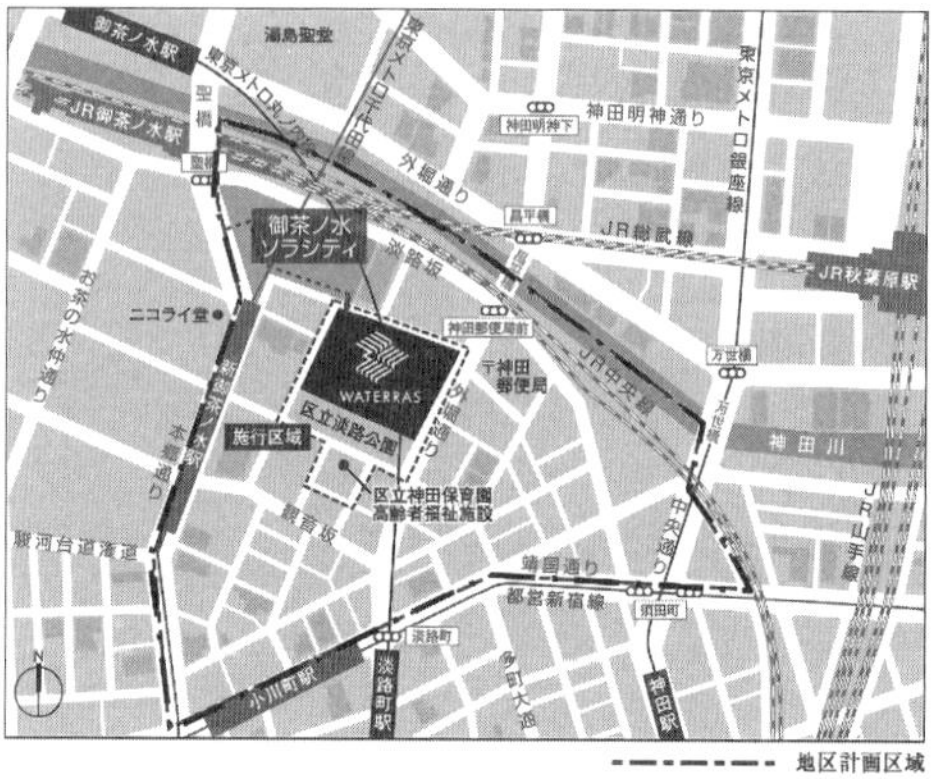

図１　WATERRASの立地

月に組合の設立が認可され、２００９年９月に「権利変換計画」が認可（後述する１９７名の権利者全員の同意取得）され、同年11月に北街区解体工事が着工し、翌２０１０年３月に新築工事が着工しました。２０１１年３月11日には東日本大震災が起きました。２０１３年２月にワテラスが竣工、管理組合の設立総会が開催され、７月に南街区および淡路公園が竣工しました（**図１**参照）。

ワテラス（WATERRAS）は、淡路町二丁目西部地区の市街地再開発事業ですが、権利者数は、所有者数75名、借地権者40名、借家人67名、抵当権者13名、参加組合員２名の合計１９７名で、従前権利割合は、土地所有面積では安田不動産が４９５０㎡（34％）、区が３７６０㎡（26％）、その他が５７７０㎡（40％）で、合計１４４８０㎡（公園面積含む）となっています。立地については**図１**を、また、再開発前の状況並びに淡路広場（淡路小学校跡地）については左記の写真を参照して下さい。

――「都市計画」における「九つの地域貢献」についてもう少し教えてください。

都市再生特別地区の特区(3)提案して示したのが「九つの地域貢献」で、以下のようになります。

①オープンスペースと歩道状空地、②多世代住宅の整備、③スーパーの整備、④地域防災および帰宅困難者支援の活動拠点整備、⑤屋上緑化・保水性舗装等のヒートアイランド対策、⑥公園機能の再編・拡充（2500→3000㎡）、⑦周辺道路の無電柱化等による街並み形成、⑧地域活性化の為のコミュニティ施設、学生マンション（36戸）の整備、⑨タウンマネジメント組織によるまちづくりの新たな取組み、です。

これらすべてが地域貢献の内容で、その実現に向けて取り組んできました。

【再開発前の状況（破線で囲んだ部分】

【淡路広場（淡路小学校跡地】

――地域交流活動の大きな枠組みあるいは地域交流の仕組みについて教えてください。

地域交流の仕組みについては**図２**に大きな枠組みを示していますので、参照して下さい。

図２の左側には地域交流活動の拠点として、「ワテラスコモン」「広場」そして「区立淡路公園」の三つが挙げられています。管理主体は、「ワテラスコモン」が安田不動産、「広場」が管理組合、「区立淡路公園」が千代田区となっています。

三拠点と淡路エリアマネジメントの関係はそれぞれ異なっていて、「ワテラスコモン」は安田不動産が優先的に使用でき、また、「広場」は管理組合が無償で使用でき、かつ、有償で貸し出すことができます。そして、「区立淡路公園」は地域交流活動の場合には誰でも使用できる関係になっています。

また、**図２**の右側には、ＮＰＯ、町会、学生団体などが、旧住民、新住民、就労者、学生とともに神田の文化の発掘や発信をしていくという活動

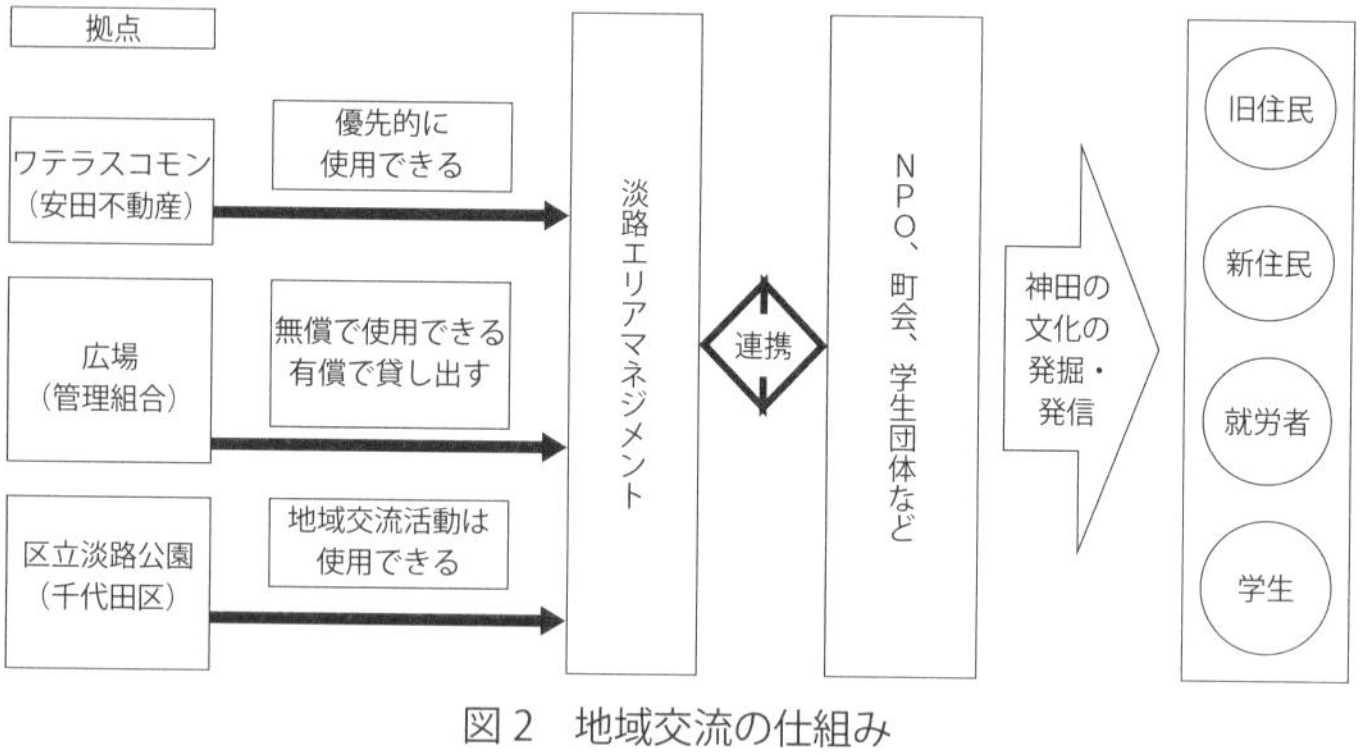

図２　地域交流の仕組み

が示されています。
こうした淡路エリアマネジメントとNPO、町会、学生団体などが連携して、淡路型コミュニティのさらなる発展に貢献するという目的実現のための重層的な地域交流の仕組みが示されています。

――エリアマネジメント組織について、立ち上げから現在までの推移について教えてください。また、エリアマネジメント組織の検討という点ではいかがでしょうか？

エリアマネジメント活動の拠点として、「ワテラスタワー」と「ワテラスアネックス」の二つの建物・施設があげられます。「ワテラスタワー」には、高層部に住戸333戸（660人）と下層部にはコミュニティ施設や事務所が、また、「ワテラスアネックス」には、高層部に学生マンション36戸と低層部に事務所、商業施設が入っています。また、二つの建物の南側には、東側に広場が、西側には淡路公園があります（図3参照）。

エリアマネジメント組織の検討という点では、以下のような取り組みが行われました。2007年4月に都市計画が決定し、中心市街地の運営・管理を行う機関（タウンマネージメント機関）として、10月にTMO（Town Management Organization）検討会が発足しました。TMO検討会はこの年に2回開催されました。翌2008年6月に再開発組合が設立され、TMO検討会が4回、見学会が3回開催されました。見学先は六本木ヒルズ、ミッドタウン、大手町・丸の内・有楽町（大丸有）地区で活動するNPO法人大丸有エリアマネジメント協会（通商：リガーレ）でした。また、2009年は、検討会

3回、分科会3回、座談会1回を開催しましたが、9月には権利変換計画が認可され、11月に淡路小学校等の解体工事が着工されました。2010年にも検討会1回、分科会1回、座談会1回、また、ワークショップも3回開催し、3月に新築工事が着工されました。

また、2011年4月にTMO準備室が設立され、10月にはプレ評議会が開催され、12月にはトークイベントも開催されました。翌2012年にもプレイ

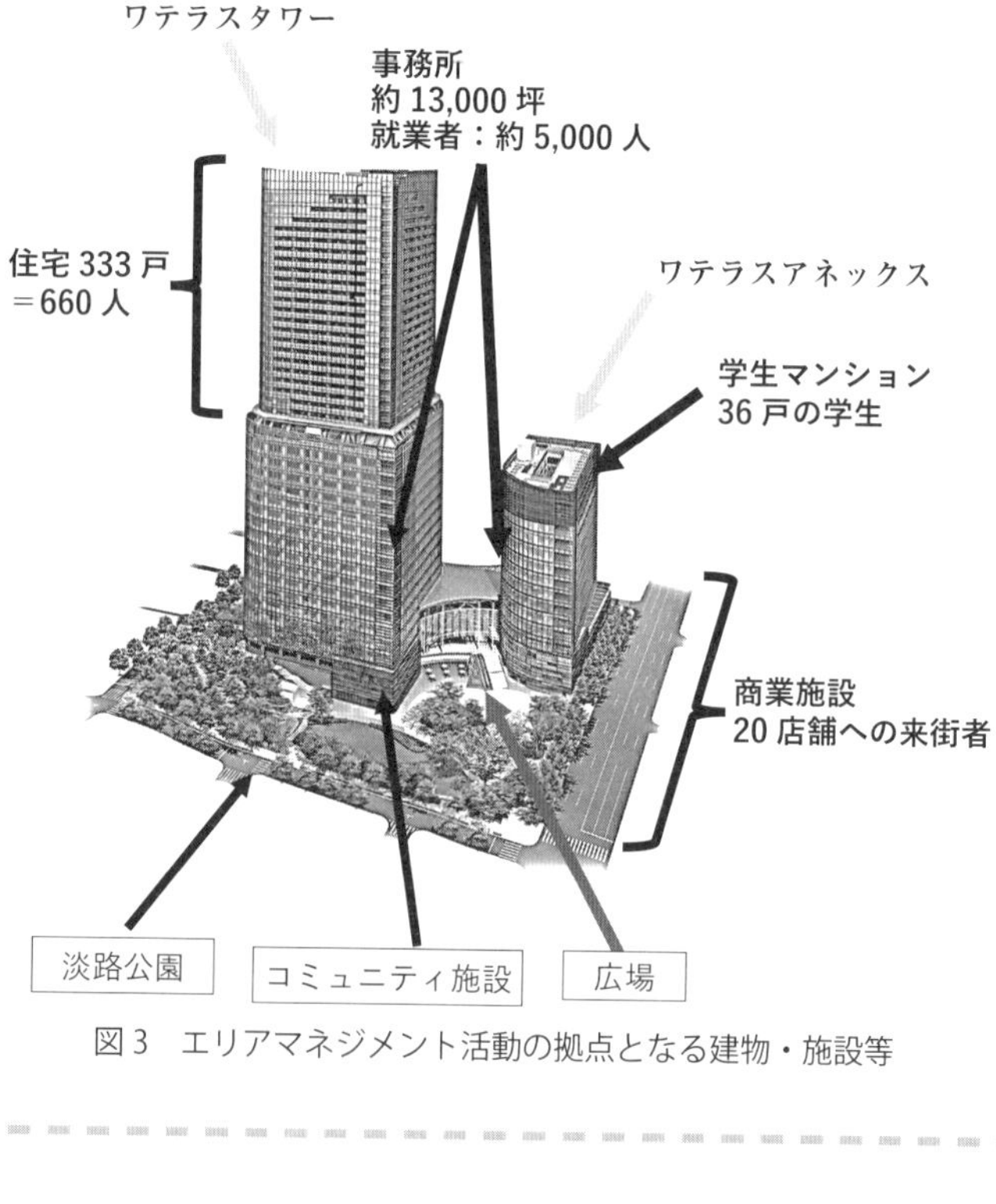

図3　エリアマネジメント活動の拠点となる建物・施設等

ベント2回、プレ評議会も2回開催され、12月には（一社）淡路エリアマネジメントが設立されました。そして、2013年3月にワテラスが竣工し、4月にオープニングイベントが開催されました。2007年から足掛け6年かけ、ワテラス（WATERRAS）の二つの目的である、①エリアマネジメント活動の拠点となる施設の建設と、②エリアマネジメント組織を整備して、賑わいとコミュニティを創出するという目的に向かって動き出したのです。

淡路町二丁目がコアとなった中心市街地の運営・管理（タウンマネジメント）が始まって、今年2023年4月に10年を迎えました。

――TMOの出発点である中心市街地という点では、必ずしも商業地域ではない淡路町の場合、都市計画はどのようなものでしたか？

ワテラス（WATERRAS）の場合、四つの都市計画が決定されましたがそのポイントは以下の通りです。①都市再生特別地区の変更（東京都）では、地域貢献のために、容積率UPと形態制限の緩和、②第一種市街地再開発事業の決定（千代田区）では、補助金、税制優遇のための法定再開発事業の認可、③地区計画の変更（整備計画の決定）（千代田区）では、淡路地域の街づくりのルールの変更、④都市計画公園の変更（区域変更）（千代田区）では、淡路公園の再編・拡大になります。

また、重要な点として、「都市再生特別地区」の「特区」提案があります。ここで、先ほど述べました九つの地域貢献を掲げ、その実現を目指していくことになりました。

こうした地域の課題をハード面ソフト面で解決していくためにエリアマネジメント組織が重要な役割を果たしていくことが改めて明確になりました。

――エリアマネジメントについて振り返ってみるとどのような感想、課題を感じておられますか？

エリアマネジメントは、そのプロセスは「噛み砕き」と考えています。町会の人たちと一緒に築くというように草の根的に取り組んできました。将来を考えるとパートナーについては、継承という点で考えさせられることがあります。現在の有力なパートナーである町会の方たちにも世代交代がある。「構想」からの理解も含め、青年部の方たちと意見交換を始めています。

三町会も人材が入れ替わり、エリアマ

【地域住民とワテラス住民との交流】

ネジメント組織も検討が必要になってきています。TMO組織検討会のメンバーは、周辺町会長を含む近隣居住者、近隣学校関係者、再開発組合員、行政担当者、学識経験者等ですが、古い記憶（統廃合→再開発　学校跡地）は、世代交代とともに失われていきます。この点で、組織としての信頼関係を創り上げるという重要な課題にも引き続き取り組んでいますが、個別のニーズに応えながら、ワテラスの存在感（機能含む）を高めてきました。「スマホ講習会」は地域のニーズに応えたものの一つですが、これを含め、現在、年間2百近くのイベントを実施しています。

――では、地域活性化のためのコミュニティ施設、学生マンション（36戸）の整備に取り組まれましたが、学生入居と学生の活動についてもう少し、説明をお願いします。

学生入居については、近隣に大学があるのに、神保町へ流れ、学生が来てくれていないという課題があり、それは淡路町エリアに来る目的がないからであるという認識のもと、学生の住む場所、「第二の故郷」を創るということが出発点になっています。また、地域住民にもデイサービス、保育園（公益）を提供することも同様です。

また、学生にはポイント制度という仕組みがあります。従来、四半期で3ポイント以上ずつ年間12ポイント以上取得すれば、居住条件を満たすことになっていましたが、この間、学生活動の機会は増加しました。この増加自体は良かった面も多いのですが、①活動への偏った参加、②ポイント至上主義、③不人気活動の出現という問題点も生み出しました。幅広い活動参加促進による成長機会の創出とポイント取得を主目的としない、交流重視の活動参加へという対応も視野に入れています。

そこで、２０２３年度から制度の変更を目指しています。従来、四半期で3ポイント以上ずつ年間12ポイント以上取得すれば、居住条件を満たすことになっていましたが、これを、以下のカテゴリーを含む、七つのカテゴリーずつに設定した最低取得ポイント以上を獲得すれば、居住条件を満たすようにするというものです。カテゴリーは、必修、選択必修、福祉交流、地域交流、イベント運営、イベント企画などです。

――学生の新しい取り組みについては、いかがでしょうか？

「変化を生むイベントは？」と考えたりもするのですが、全員にはまるものはないが、ある程度の縛りがいるとはいえ、個人で見つけていってほしいと思っています。学生の

【神田まつりの取り組み】

方から上がってくる、そうしたイベントに力を割いてほしいと思います。たとえば、「ワテラスブックフェス（２０１９〜）」というものがあります。当初は、哲学など自分が専門分野で学んでいることを町の人に知ってほしいということで始まりました。しかし、マニアックにならないように本をテーマにプレゼンテーションをしてもらうという形に変わってきました。学生は、36名で半数は毎年入れ替わります。継続の難しさもありますが、最近は、まちづくり系の勉強をしている学生も増えてきています。こうした変化も見逃さず活かしていければと思っています。

また、イベントもハイブリッドで行うと参加者が二桁異なります。万単位の視聴者の違いがありました。地域外から参加する学生と地域内の学生が主体的に関わるための工夫も必要だと思っています。

――改めて、ビジョンと今後の課題についてお聞かせください。

エリマネには三つの役割があります。すなわち、①ブランド価値の向上、②リソースの発信、発掘、そして、③コーディネートです。①ブランド価値の向上とは、ワテラスを中心とする淡路・神田エリアのブランド価値を向上させることです。また、②リソースの発信、発掘とは、リソースである地域資源を生かし、発掘し、発信させることです。そして、③コーディネートは、ひと、もの、ことを結びつけて新たな価値をつくることです。

こうした役割を果たすための課題としては、①運営資金の改善、すなわち、エリマネ活動のための持続的な資金の確保、②テナント連携すなわち、企業CSRとのタイアップ、学生とのコラボ、また、③学生会員によるさらなる活動の充実と活性化、そして、④プロモーション強化があります。

――最後になりますが、ワテラス（WATERRAS）の取り組みを続けてこられる中で、公共性という点で感じられていること、考えておられることがありましたら、お願いします。

ワテラス（WATERRAS）は、神田淡路町が培ってきた「和」「輪」「環」の三つのWAをコンセプトにデザインされ、オフィス、レジデンス、学生マンション、商業施設、コミュニティ施設（ホール、ギャラリーなど）における地域住民、就労者、学生、来街者が自由に活動し交流し憩う、新しいコミュニティが育まれる場所、建物、空間です。人が行き交い活気づいていくまちづくり、人情と情緒を大切にする淡路型コミュニティのさらなる発展に貢献するということを目指して10年が経ちました。

制度的な部分にとどまらず、実質的にも「コモン」すなわち、地域の人々に、コワーカーが交わる「都心部の公民館」としての機能を果たしてきていると思います。公共性とコミュニケーションとは異なるものであり、たんなる「サロン」とは異なります。

最近は、テナントの方々にエリマネの存在が、少しずつ認知されてきています。「面白いことがあれば遊びますよ」と声を掛けられます。「まちの人の組織」と受けとめられてきていると感じています。こうした事実を力にして、目標に向かって引き続き取り組んでいきたいと思います。

――ありがとうございました。

注

（1） WATERRASサイト「ワテラスとは」https://www.waterras.com/about.html（2023年10月10日最終閲覧）より。

（2） WATERRASサイト「淡路エリアマネジメントとは」https://www.waterras.com/awaji_am.html（2023年10月10日最終閲覧）より。

（3） 都市再生特区とは2002年公布の都市再生特別措置法で指定された「都市の再生の拠点として、都市開発事業等を通じて緊急かつ重点的に市街地の整備を推進すべき地域として政令で定める地域」（都市再生緊急整備地域）内の都市再生特別地区。既存の都市計画の制約を受けずに、より自由度の高い計画策定が可能になる。また、千代田区の第一種市街地再開発事業とは、細分化された土地を広く統合し、中高層の不燃共同建築物に建て替え、あわせて公園・緑地・広場・街路などの公共施設などを確保することによって、災害に強い安全で快適な街づくりを行う事業である。（「Press Release 神田淡路町に新たなシンボルが誕生　4月12日（金）「ワテラス」グランドオープン　学生が積極的に参加するまちづくりで、新しいコミュニティを育む大規模再開発」淡路町二丁目西部地区市街地再開発組合、安田不動産株式会社、一般社団法人淡路エリアマネジメント、2013年1月31日より）。

※本文中の図・写真はすべて堂前氏提供。

インタビュー・ヘリテージ（文化遺産）マネジメントと公共性

古都再考
――今、京町家と景観問題に求められているものは何か

大阪大学大学院国際公共政策研究科　特任准教授
明治大学　兼任講師
岩瀧敏昭

聞き手：藤江昌嗣　2023年9月20日

古都京都は、パンデミックが収束過程にある中で、内外の多くの入込客があり、その人気は群を抜いている。しかし、京都を含む全国の多くの都市では、1970年前後に「景観問題」議論が盛んに行われ始めた。その後、京都における「景観問題」は、「京都のアイデンティティの喪失」という本質的な問題を浮き彫りにしている。

「景観問題」は京町屋の保存の問題と関係している。また、歴史的に職住併用型の建物として発展してきた京町家は、個人所有の建物（場）であるものの、それが構成する「ま

ちなみ景観」は公共性の高い空間でもある。古都京都のヘリテージ（文化遺産）マネジメントの課題、そして、ノスタルジックな議論だけでは前に進まない現状と今後の展望について聞いてみた。

なお、岩瀧氏は、大学院修了後、経済産業省等の関連団体や企業の役員などを経て、明治大学マネジメント・オブ・サステナビリティ研究所客員研究員、明治大学客員教授として、各地のまちづくり、地域おこし、地域活性化などに携わってきた。

――このテーマについてアプローチする背景はなんですか？

私としては「古都再考」というテーマについて、多くの研究者、先人達の議論がある中で取り上げるのは、不安なところもあるのですが、約50年前に一時期京都に住み、その後、この街を離れ6年程前に改めて京都に拠点を置いて活動している状況ですので、地域活性化的な視点からみますと１９７０年代から、いわゆる「関係人口」の一人という立ち位置になるのかと考えています。

また、後述しますが１９７０年前後が全国的に景観問題の議論が盛んに行われ始めた時期でもありますので、その点なども踏まえてここでは、「クリーピング・ディストラクション」（しのびよる破壊）といわれる社会現象が起きて久しい、崩れ行く京都のまちなみ景観問題やヘリテージマネジメントと公共性という点について考えてみたいと思います。

――景観問題から見えてくるものは？

結論から先に申し上げますと「京都のアイデンティティの喪失」ということだと思います。

2005年7月20日当時の桝本京都市長が定例記者会見で「時を超え光り輝く京都の景観づくり審議会」の設置について、次のようなコメントを行っています（抜粋）。「バブルと言われた時代には押し寄せる経済至上主義の波に圧倒され、古きもの・伝統的なものが効率性の名の下に、次々と淘汰されました。しかし、私がさらに問題と考えますのは、伝統的な生活文化を育み、京都らしい景観を形成する京町家（建築基準法が施行される1950年以前の伝統軸組構法で建てられた木造建築を指す）や三山の眺望のような貴重な財産が、「いつの間にかなくなる」ことだと考えております。例えば、一軒の京町家の消失が、また一軒、また一軒と広がるうちに、元に戻らないほどの大きな町並み景観の破壊へとつながる、ということであります。」

また、他の京都市から提供された資料において「京町家を通じて生み出されてきた「町並み景観」と「生活文化」に見出される価値について、京都市民一人ひとりが意識すると同時に、多様な主体と連携しながら保全し、更に継承・発展させていくことで、現代、そして将来の問題の解決に繋げることができます。」といった記述や、「京町家は、京都のまちにおいて、50年後、100年後の未来でも、京都が京都らしくあり続けるための拠り所であり、ここに京町家を保全・継承していくことの意義があると考えます。」等の記述が見受けられますが、改めて、いわゆる京町家が建ち並ぶ景観は、単なる建築物の連続性ではなく、京都が京都であるというアイデンティティの問題として捉える必要があると考えています。

――京町家の保全等と景観問題の関係性は？

実態としては、2016年の京町家調査によると4万146軒の京町家が確認されていますが、この調査時点で2009年の前回調査からみて年間約800軒程度減少してきたことになりますので、おそらく現在では3万4000軒程度まで減少しているものと推測されますが、率直な感想として1950年以降の建築基準法の立場から見ますと、現在は昔ながらの京町家を新たに建てることはできないわけですから、今あるものを改修して残すか、リノベーションして新たに活用するしかないことになります。

このため、行政が保全にかなり強力に舵を切らない限り、京町家は減少していくことは明らかですが、この問題を行政的な立場から整理しますと**図1**の関係図になると思います。

①建築基準法に照らし合わせて対処するしかない立場（3条による適用除外：歴史的、芸術的価値等や既存不適格）
②いわゆるユニークベニューとしての見直し、観光施設や町家カフェなどの活用の立場
③文化財保護の観点からの現状変更を規制したうえで、保存・修理・活用の立場

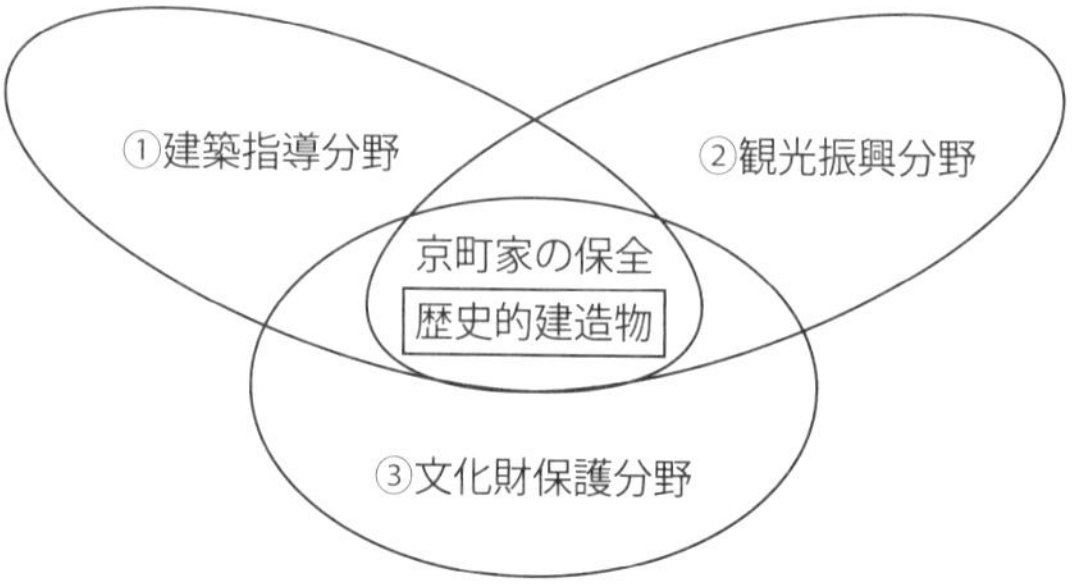

図1　京町家の行政上の取り扱われ方

上記の**図1**を踏まえて京町家を考えてみますと、京町家は1950年以前の一定の基準にもとづいた古い建築物の総称なのですが、各々の歴史的価値や文化遺産（ヘイリテージ）としての評価によって取扱われ方が異なるものとなります。また、2004年の景観法における「景観重要建造物」や2008年の歴史まちづくり法（地域における歴史的風致の維持及び向上に関する法律）による「歴史的風致建造物」などの考え方により、近年では「歴史的建造物」という概念で語られることが多くなってきました。

このような現在の状況を、私なりに解釈しますと、これは建物として不適格物件とみなすか、地域のヘリテージとみなすかの境界線の引き方であると考えられます。

異論が出るかもしれませんが、いくつかの事例もあるのですが、地域の人々にとって何らかの意味があり、それを感じ取ることのできる場所、少し古く、多くの住民の思いがあり残してほしい空間は、やがて除去の対象となるものであり、一方で行政やそれに依頼された学者や専門家が、何らかの形でヘリテージ性の高さにお墨付きを付けたものは残るという仕組みになっているわけです。

しかし、これでは、お墨付きをもらった京町家はよいでしょうが、もらえない方の京町家の方が数多くありますので、景観は壊れていく可能性は高くなるばかりです。その現象として京都では重要文化財の寺社の周辺にマンションが建ち、保存文化財級の京町家の隣にビルが建つという、ヘリテージマネジメントの罠とでも言えるような状況に陥っているのではないかと思われます。

――まちなみ景観の問題は、ノスタルジックな議論だけでは、前に進まないと考えますが？

ご指摘の通りだと思います。1960年以降の経済発展に伴い、全国各地において開発圧力が高まる中で、景観保存の議論が地域で台頭してきたのは1967年の倉敷市で白壁土蔵の町並みを保護するための伝統美観保護条例が制定されたあたりからで、同様に1968年の金沢の城下町、宿場町としての妻籠、1971年の合掌集落の白川村などがあり、特に白川村の「売らない、貸さない、壊さない」の三原則は住民自らが保全に取組む姿勢として、当時としては全国的に有名な話でありました。

このような各地の動きを受けて、ひとかたまりの伝統的建造物群を文化財と捉え、1975年の文化財保護法の改正により伝統的建造物群保存地区制度をつくり、全国各地に残る歴史的な集落・町並みの保存が図られるようになり、各自治体は同保存地区を決定し、地区内の保存事業を計画的に進めるため、保存条例に基づき保存活用計画を定めています。

このため、国は市町村からの申出を受けて、価値が高いと判断したものを重要伝統的建造物群保存地区に選定し、各自治体の保存・活用の取組みに対し、文化庁や都道府県教育委員会は指導・助言を行い、また市町村が行う修理・修景事業・防災設備の設置事業・案内板の設置事業等に対して補助し、税制優遇措置を設ける等の支援を行うようになっています（文化庁によると２０２１（令和３）年８月現在、重要伝統的建造物群保存地区は１０４市町村で１２６地区、３万件が特定されています）。

ところが、現在このようなヘリテージ型のまちなみ保全の方法が、大きな曲がり角に差し掛かっていると言われています。

その背景にある二つの要因として、

①１９７０年前後に、まちなみ保全などの考え方で地域活動してきた住民たちの多くは、リアルに経済開発や過疎により自分の生活基盤であった「まち」が崩れていく様をみて立ち上がった人々であったと思われますが、この世代がリタイアする時代に入り、現在は、その原体験のない世代が主流となり、さらに近年のコロナ禍などの影響による継承者の不足が大きな課題となっています。

②京町家やまちなみに対する価値観の多様化が進み、インバウンド対策としての京町家民泊施設、京町家を使って起業しやすいカフェや軽い飲食を提供する店、などいろいろな活用方法が一時期盛んに行われましたが、京都に限らず、最近はこれらの活用方法

に問題提起する地元住民が多くなっています。
また、室町時代の市内最古級の京町家が解体されるといった問題など、指定文化財級の京町家を許可なく解体しようとする所有者や業者が出るなど、京町家の危機は深刻さを示す事例も出ています。

――今後、この議論を進めていくうえでの考え方としては？

この問題の背景には、上述以外にも、住民の理解不足、相続問題、ライフスタイルとの関係など、さまざまな課題はあると考えられますが、歴史的にみて職住併用型の建物として発展してきた京町家は個人所有の建物（場）で、それが構成する「まちなみ景観」は公共性の高い空間ということになると考えられます。

そこで、その場や空間をどのように残していくか、失われたものをどのように取り戻すかということになるわけですが、私は、京都人の景観保全に対する伝統的な考え方として、変化はさせないという拒絶よりも、「自分たちが望む変化への希求」と、失われつつある「そのための制御プロセス」を自らの手に取り戻したいという願望があると思います。その前提にたってみますと、フランスの社会学者のアンリ・ルフェーヴルが「地元住民が共有する歴史的な意味（場所性）が消し去られても、失われたものを取り戻すべく、その空間を住みこなし新たな場所性を創造していくような空間的実践が必要である」と論じていますが、今こそ京都を愛する人々が、その困難をしなやかに乗り越える知恵を出し合い、その知恵を共有する時間をつくり、それに基づく空間的実践（公共性への幅広い参画など）が必要だと考えています。

また、ややもしますと行政が公共性が高いと判断し強い規制を求める人々もいますが、住民の私権を制限するような地域課題でもありますので、京都市民だけではなくすべての関係者が専門家に過度に依存するのではなく、新たに独自の「京都ヘリテージマネジメント」として確立していくような、「みんなごと」として活動を展開していく必要があると思います。あらためて、50年前の原点に立ち返ってクリーピング・ディストラクション（しのびよる破壊）にどのように対処していくのか、京都の在り方を再考し、世界中から、さすが「京都は」といわれるような答えを求めていく時期に来ているのではないでしょうか。

参考文献

松本重明編著『ヘリテージマネジメント―地域を変える文化遺産の活かし方』学芸出版社、２０２２年

澤村明『文化遺産と地域経済』同成社、２０１０年

木村至聖・森久聡編著『社会学で読み解く文化遺産―新しい研究の視点とフィールド』新曜社、２０２０年

小笠原憲一「京都市における都市計画について」（「京都市のまちづくり」講義・大阪市立大学都市行政ワークショップ記録）２０２０年　https://www.ug.gsum.osaka-cu.ac.jp/wp-content/uploads/2020/01/9a39f80b5964bdbfcacaf26e52fd495.pdf（２０２３年８月30日閲覧）

終章

本書から見えてくる公共性について

藤江昌嗣

この終章では、本書の各論文、インタビューから見えてくる公共性についてまとめることにする。ただ、公共性については、法学、経済学、社会学、経営学等の社会科学分野で論じられる概念でもあり、建築分野、都市論、都市計画分野でも建築家の発言は少なくない。そこで、ここでは、本稿のテーマとも近い、建築分野の中から、建築家安藤忠雄と隈研吾の語る公共性について紹介し、その後、本書のテーマである「場、建物、空間から見えてくる公共性」について整理して本書を閉じたい。

1　建築家、「都市論者」による公共性

安藤忠雄

2017年、表参道ヒルズのウェブサイト上に掲載されたインタビュー記事「安藤忠雄さんと建築語り」[1]で「公共性」観について以下のように語っている。

「いろんな公共性があると思いますが、今まであったものを生かすことは建築の公共性だし、人が集まる場所をつくることも公共性です。商業施設で言うならば、一回行ったらまた行ってみようという気持ちになれることは、公共性につながる。集まったその場所で、ワクワクすることができるということ自体がね。〈表参道ヒルズ〉の中央の吹き抜けをいろんな風に使っているでしょ。それを楽しみに人が集う。そこには、公共性がある。公共性は、建築家の側で用意できるものもあるし、使う人が工夫して生み出すものもある」と。そして、公共性の重要性についても、「でも、公共性を失ったら、建築は終わりです。そのくらい大事なことだと思いますね。」としている。

ここから「公共性」として、①今まであったものを活かすこと、②人が集まる場所をつくることすなわち、また行ってみようという気持ちになれる再訪問性（ワクワク感）の重視、③一つの意匠・仕掛けの用途を、作り手（建築家）と使用者が創意・工夫できることの三

つが確認できる。

また、安藤は、この三つ目の創意・工夫について。その原点を丹下健三設計の香川県庁舎（1958年完成）に見出している。香川県庁舎は、建築家・施主・工事する人・使う人の四者のバランスが創り出した「誰でも中に入れる、自由な建築」であるとしている。ここには、上記の三つに加えた「公共性」における「非排除性」を見出すことが可能である。

隈 研吾

建築家隈研吾も「公共性」について発言している。建築家かつ「都市論」者としての隈の主張は、以下のようなものである(2)。

隈は、経済効果を高めるために開発が加速し、公共空間を私有空間がどんどんむしばむ結果となり、今や大都市の中心部はオフィスビルという私的空間に占有され、共有空間である街路はほぼ自動車の移動用で、基本的に都市の公共空間はとても貧弱である。また、建築制限緩和のためのオープンスペース「公開空地」も実際は私有地で、すべての人が快適に使えるとは言い難いとしている。

そうした中で発生したパンデミックにより、密を避けて公園で遊ぶ人や近所を散歩する人が増え、意外なことに「街の中に人が出てくる」という現象が見られた。この変容は、「みんなが自然に私的空間から抜け出し、公共空間に人があふれる都市がつくれないか」という「新しい公共性」を提案した隈の思いとリンクする部分があり、必然性があったのではないかとしている。

すでに、「公共性・パブリックと隙間」について考えていた隈は、建築物や「ハコ」ではなく建築と建物の間の隙間にフォーカスするということに関心を深めていたが、「コロナを体験した今、われわれ全員がハコから逃げ始めて、ハコの外のパブリックスペースを再定義しようとしている」と感じたのである。

そして、隈は、「都市は公共空間であると思われていながら、実は公共空間がないという」事実から、計画そのものの概念の「反転」（傍点、引用者）を試みた。

実は、この「反転」には二つの考えが用いられている。

一つは、「街をエンジョイすることで自分のものにする」という感覚でそれを隈は「所有の概念」と呼んだ。また、いま一つは、なるべく低いところから空間を捉えること（傍点、引用者）である。隈は、これまでの都市は高さを価値基準としてどんどん高層化していき、都市を見下ろすこと━俯瞰すること━に意味をもたせてきた。しかし、これからは、「都市を俯瞰する神の視点や人間中心の視点ではなく、身近な人間以外の生物であるネコの視点から都市を見直」すことを提案したのである。こうした「反転」が、与えられた計画では得られない豊かな体験や発見をもたらしうるとしている[3]。

　隈は、人が自ずと集まってしまう場所という「新しい公共性」をつくることを提案したのであるが、その際、人が集まる場所について五つの原則を考えた。それは、隈独自の「人が集まる場所」のための五つの方法論（5原則）で、それは、「孔（HOLE）」「粒子（PARTICLES）」「やわらかい（SOFTNESS）」「斜め（OBLIQUE）」「時間（TIME）」により構成されている。

　ここに、「孔」はトンネル構造や中庭のような包まれる空間のこと、「粒子」は大きな建築物を小さな構成単位の集まりとしてとらえること、言い換えると「建築をひらく」ことである。また、「やわらかい」は、文字どおり素材や形を工夫することによって建築を物理的あるいは感覚的にやわらかくすること、そして、「斜め」は直線で構成される人工的な空間を脱して自然に回帰することである。五つ目の「時間」は、「ボロくする」と隈は表現しているが、古びた雰囲気を出すことである。これら五つを意識することで、公共空間とその建築はもっと優しく親しみやすいものになると隈は考えている。

　公共空間と建築のあり方についての建築家、都市論者である隈の着想は新国立競技場はじめいくつかの建物・施設に具体化されている。

　隈は、人が自ずと集まってしまう場所という「新しい公共性」の創出を目指しているが、それは、「売り主の利益を最大化するために空間を細分化して、共用部分だけ高級に見せるという手法で、質の伴わない高級感に価値があると思い込ませられたことで、日本人の教養や美意識、東京という都市が持っていた細やかさや人情といった魅力も破壊されてしまった」ことへの反省と「若い人たちが古い建物の価値を見直して、手を加えて住んだり、シェアスペースや店舗として再生したりして、日常の暮らしの中で活かし始めている。僕はそこに希望や可能性を感じています。同調圧力から自由になり、自分の美意識で物事を判断し、生きていく人たちが東京をもう一度、変えてくれる時代が来る」と若い人たちの創志に期待を寄せているからである。

衣松佳孝の見解─コロナ前後の都市の動態

安藤忠雄、隈研吾の公共性についての考えをみてきたが、都市内部の緑地≒公共空間や都市緑地の分野について研究をしてきた衣松は、右記の隈のインタビュー当時の状況とコロナが第7波を迎えているとはいえ、6波を終えた今では見え方も当然異なるとしたうえで、コロナ前後の都市の動態について次のように記している[4]。

「都市経済学では、都市の便益は一定の人口規模までは乗数的に増加し、一定規模を過ぎるとまた急速に低減することが基本として語られている。また、都市便益を最大化する人口規模というのは政策・経済・社会・技術といった要因に影響され時代により変化するものなのかなと思います。

例えば、日本においても高度経済成長期に既存都市部の過密が発生したことを受けて郊外開発が進み、その後マンション開発などの技術的要素の変化で都市部の受入容量が増加したことを受けて、再度都心集中が進んだことなどがあげられるかと思います。

コロナの一件も、密度に比例して便益が低減するというファクターとして機能し、それによって最適な都市人口が変化したという、あくまで都市便益最大化活動として位置づけられるかと思います。そう考えると、変曲点の一つではあるにせよ、隈研吾さんの言うような絶対的な転換点ではないかなとも思います。」と。

2　場、建物、空間から見えてくる公共性

筆者も「人が自ずと集まってしまう場所」という「新しい公共性」の現れは、建築物や「ハコ」ではなく建築と建物の間の隙間にフォーカスし、「コロナを体験した今、われわれ全員がハコから逃げ始めて、ハコの外のパブリックスペースを再定義しようとしている」ということでは説明しきれない「公共性」が改めて示されている、あるいは確認されてい

ることを示していると感じている。その視点が、場であり、建物—施設—であり、空間である。

そこで、上記の見解を踏まえ、場、建物、空間から見えてくる「公共性」を本書の各章をたどりながら、改めて整理してみる。

住民・市民が使用、利用できる地方交通機関、病院、図書館など建物（公共施設）における公共性

行政関係者（ここでは、現職と元を含む）は、自らの仕事（公務）が納税者—国民・市民—から徴収した税金を用いて、市民・住民にサービスを提供しているという自覚から、公共性という点では、建物や施設の建設・運営における公平性を重視する。

例えば、それは、八島定敏（第7章　地方自治体—病院—から公共性を考える）における「公共施設は誰のものか」という問いに対し、その所有について「皆のものである」としていること、また、その管理・運営についても、「施設および施設に付随する公共空間は幸福感と安全安心の安らぎを提供するところであり、そう管理されなければならず、「公共事業・施設はその運営で範を垂れるように公共性を発揮しなければならない」としていることに示されている。

また、表参道・新潟館ネスパス前副館長の小河原太郎（第6章　アンテナショップから公共性を考える）も、公共性の観点で考えると、ネスパスは施設の維持管理・運営のために、新潟県から補助を受けており、新潟県全域の情報発信を行う公共的な立場であり、県民の利益となるとともに、社会的な使命も果たす、また、さまざまな関係者が納得できるやり方での運営に努めてきたとしている。

また、衣松佳孝（第5章　地域交通から公共性を考える）は、「移動」という行為が『日常の中で誰もが行うものであり、生活の根幹をなすもの』であるがゆえに、地域交通における公共性とは、「誰もが必要な時に利用できること」であるとしている。しかし、同時にその実現が難しいこともデータを用いて記述している。また、「相乗りタクシー」や「貨客混載」の活用や「スマートモビリティチャレンジ」なども地域交通の持続性を高めうる「強力な武器」となりうるとしつつ、最も大切なことは「地域として、今後どうありたいのか？」という「地域としてのビジョンにその将来像を描くこと」であるとしている。そして、これらの方法は、あくまで住民が地域で生活を営んでいく上での手段の一つにすぎず、関係者が地域の状況を把握し、その将来像と現実的な実現方法を選択していくことであるとする。

この点は、永田裕一（第4章　地方企業から公共性を考える）も生活用だけでなく、「玉ねぎ列車」の廃止不安に示されたように、公共性の実現という点で事業・産業用のトラック輸送の重要性を指摘している。

社会関係資本という公共財

第4章でみたように、市民と企業と行政、民間組織等の連携が、新たな関係性―社会関係資本（ソーシャルキャピタル）―を生み、また深化させること、また、こうしたボトムアップ的な動きが地方都市の持続可能性を高めており、それを永田は、「民からの「うねり」」と呼んでいる。それは、地域内外を結ぶ空間における社会関係資本の構築、市民間での構築という動きに他ならない。

ビジネスを通し、公共性を考えることで、「新しい公共経営」という視点が生み出され、人材育成にもつながること、そしてそのために地域における住宅（空き家対策を含む）の整備や、学びの補助の仕組みの重要性とその実践についても語っている。

また、協働とは「多様で多層な主体が情報を共有し、相互の立場や特性を認めつつ、対等の立場で、それぞれの役割を果たし、共通する課題の解決や社会的な目的の実現に向けて、公益的な価値を相乗的に生み出すために連携・協力すること」なのであり、こうした取り組みの中で、永田が語る「ソーシャルキャピタル（社会関係資本）」が生まれるのである。

「課題の克服というニーズに応えることが公共性をつくる」ということである。

ハードとソフトのバランス―地域防災計画や医療関係インフラの公共性

八島は「まちは総合力で競う」としている。この総合力は、ハードとソフトの両面をあわせて捉えたものである。この総合力に関して、地域の状態の記述としての「地状学」として読み取ることができるのが、竹内紀人（第2章　感染症や自然災害から「地方のレジリエンス」を考える）である。

竹内は、感染症における低罹患率が「疎」の強靭性によりもたらされたことをみつつも、「地方」の脆弱性すなわち、①地域公共交通のありよう、②医療・介護従事者の不足、医師不足、③福祉・介護分野における慢性的な人手不足、④デジタル対応の遅れに関する懸念について触れている。そこでの問題は、「ハードとソフトのバランスのよさ」という地方の利点の脆弱化である。

竹内は、高い防波堤というハードの整備（要素）は基本的に公助で行うが、この間の〈人口減少、過疎化、高齢化〉により、共助や自助といったソフト面での体制や対応力が弱化したことを指摘し、「実働する自主防災組織」、「全員参加型防災組織」―専門的知識の獲得、と迅速な判断力をもつ防災担当職員の配置―の必要性を強調している。

また、八島は、赤字の公営事業―公立病院の運営に関するこの間の白石市と周辺2町の設置や運営形態に関する混乱を精確に記述し、「まちは総合力で競う」べきであるとしている。

住民・市民、納税者における「公財政空間」―「地状学」の一つの空間

さて、住民・市民が使用、利用できる―非排除性をもつ―地方交通機関、病院、図書館、建物（施設）等は、地方自治体において、普通会計と切り離された特別会計でその収支バランス等が開示されるものが少なくない。ここには、「公財政空間」とも呼びうる「空間」が存在している。

第1章における中里実の言を踏まえ、筆者の以下の件《くだり》を今一度、引用しておこう。

市民革命後、課税をめぐる王権の制限（法に基づく課税）は、国王の私の財政と公の財政の区別を実現した。こうした私と区別される「公」は、本国、植民地、都市、農村、地域において意識され、認識され、また、その回路としての港湾や鉄道、道路、そして病院や教育施設、広場等は、その「公共性」を体現してきたのである。

こうした背景を考えると、普通会計も十全とは言えないが、公営事業（特別会計事業）に関する情報の発信と市民・住民との情報共有は甚だ弱い。1980年代の地方財政の分析

の積極的な取り組み[5]では、財政状況や公営企業の収支情報の共有が行われたが、いわゆる「決算カード」や総務省への届け出が毎年なされている「地方財政状況調査」「決算概況」を利用した市民・納税者の財政分析の取り組みに力強さは感じられない。「公財政」にかかわる「空間」はこれまでよりもいっそう広く、多様な形で、広げていかなければならない。

市民(住民)と企業も行政関係者も、自治体の財政状況を把握し、そのよしあしを判断し、将来の状況を予測する「公財政空間」の構築を目指すべきである。病院事業のみでなく地方公営事業(水道、下水道、バス、地下鉄、鉄道など)の社会資本インフラについても、施設の計画・建設・管理・運営について、自ら運転する車のようにチェック、評価、メンテナンス費用について認識する主体の側の姿勢とその認識、判断に資する「状態の記述」が肝要となる。「地状学」――地域の状態を記述することはその第一歩である。

気象情報における公共性

八島、竹内の論考との関連でみれば、戸村孝(第3章　気象情報の公共性を考える)は、気象情報の公共性における共助の発展について記述している。

共助という協働を、気象という事象の発生する空間を対象に行っているのがウェザーニューズである。協働の空間は、地域であり、国全体であり、世界の各国の企業である。対象によって、その空間は地表はもとより、グローバルな空間や宇宙空間も含むものとなる。気象業務がもつ公共性は、その情報空間からの排除、あるいは、その接近への制約がなされた場合、人命を含む物損等の甚大な損害をもたらすのである。ここからもその公共性は、十二分に認識されるのである。

ウェザーニューズの取り組みにより、市民（住民）や民間機関が、通信ネットワークを活用し、各主体（国家行政、地方自治体、民間機関、市民）と相互に、気象情報（観測・予報）や対応策を交換・交信することが可能となり、気象による影響や災害の危機に対し、各主体が自ら判断し、最適な対応策をとることができる状況を創出した。すなわち、主体的に自らの生命と財産を守るというステージへと、気象業務での〝公共性〟を進展させたのである。これは、戸村の語るように「制度」から「自助・共助」へのステージの展開といえよう。

エリアマネジメントと景観マネジメントにおける公共性―公共空間

エリアマネジメントと景観マネジメントは区別すべき点もあるが、堂前武がインタビューの中で語っていた「公共性はコミュニケーションとは異なること、また、場があれば人が育つわけではなく、仕掛け、受け止め方が必要です」という考えをヒントに、岩瀧敏昭の京町家に関する景観やヘリテージマネジメント（文化遺産経営）に関する見解を加え、エリアマネジメントと景観マネジメントにおける公共性を考えてみる。

堂前のインタビューに基づく記述は、淡路町二丁目西部地区市街地再開発事業（ワテラスWATERRAS）の合意に向けた粘り強い取り組みとその実施、そして、その後の運営の取り組み―工夫と実践―はエリアマネジメントにおける公共性の存在を明確にしている。特に、エリアマネジメントについて、そのプロセスを「噛み砕き」と考え、町会の人たちと一緒に築くというように草の根的に取り組んできたこと。また、将来を考えるとパートナーについては、継承という点で考えさせられることがあり、現在の有力なパートナーである町会の方たちにも世代交代があるので、この変化に対応するため、「構想」からの理解も含め、青年部の方たちと意見交換を始めているという点は、「共生」と「協働」の中で形成され、現に存在する公共性をうかがわせるものである。

また、岩瀧は、「景観」（「街並み」）のような私的財産を超えた風景、景色（色彩）そのものが公共性をもつ場合にそれを「公共空間」と呼び、思考を進めている。

ここでは、京都の町家を例にした岩瀧の見解から堂前が認識している公共性との重なりを確認しておくことにする。

京町家は風通しはよいが、プライバシーがない。しかし、景観は公共の財産であり、「公益」である。また、規制緩和――高さ制限の緩和（31ｍまでに緩和）――が行われ、世界遺産的なエリア以外は、通常の経済活動を容認するという事態になり、やがて、京都は東京のようになると危機感を表している。

衣松が指摘した、大都市における郊外開発が進み、その後、マンション開発などの技術的要素の変化で都市部の受入容量が増加したことを受けて、再度都心集中が進んだことは、他でもない、京都のこの間の動きの説明にもなっているのである。

地域の文化遺産を保存、継承し、まちづくりに生かすために、文化遺産を「経営」するという（ヘリテージマネジメント）の考え方が重要な位置を占めるようになってきた。

ヘリテージマネジメントの罠

行政やそれに依頼された学者や専門家が、何らかの形でヘリテージ性の高さにお墨付きを与えるという作業が組み込まれた。

行政やそれに依頼された学者や専門家が、何らかの形でヘリテージ性の高さにお墨付きを与えたものは残る一方、他方では、地域の人々にとって何らかの意味があり、それを感じ取ることのできる場所、少し古く、多くの住民の思いがあり残してほしい空間は、やがて除去の対象となるという仕組みになっている。お墨付きをもらった京町家はよいでしょうが、もらえない方の京町家の方が数多くありますので、景観は壊れていく可能性は高くなるばかりで、その現象として京都では重要文化財の寺社の隣にマンションが建ち、保存文化財級の京町屋の隣にビルが建つという、「ヘリテージマネジメントの罠」にかかっているのではないかとしている。

そして、岩瀧は、現在、ヘリテージマネジメントのような考え方に基づく、町家、まちなみ景観の保全等の対応が大きな曲がり角に差し掛かっており、それは、世代交代とインバウンド対策としての町家の利活用への地元住民の違和感の醸成によると指摘している。

岩瀧は、この他にも、住民の理解不足、相続問題、ライフスタイルとの関係など、さまざまな課題はあると考えられるが、歴史的にみて職住併用型の建物として発展してきた京町家は、個人所有の建物（場）で、それが構成する「まちなみ景観は庶民感覚でつながる公共性の高い空間」（傍点引用者）であったが、これを単に文化遺産か否か、という切り口で整理することに対する違和感があるのではないだろうかとインタビューを結んでいる。

岩瀧は、京町家が建ち並ぶ景観は、単なる建築物の連続性ではなく、京都が京都であるというアイデンティティの問題として捉える必要があるとしている。そして、今こそ京都を愛する人々が、その困難をしなやかに乗り越える知恵を出し合い、その知恵を共有する時間をつくり、それに基づく空間的実践が必要だとしている。

この点で、筆者も、「文化遺産」であることは伝家の宝刀ではなく、「ヘリテージマネジメントの中で、公共という考えが生じる」という経路が不可欠と考える。それは、堂前の「淡路町二丁目西部地区市街地再開発事業（ワテラスWATERRAS）エリアマネジメント」における「かみ砕き」の重要性とも重なるものである。このかみ砕きは隈の粒子にもつながるようにも思われる。

エリアマネジメントや景観マネジメントにおいても、そこに住む人々が形成する「公共空間」の存在が確認できると思われるが、いかがであろうか。

市民協働

小塚栄志（第8章　市民協働・拠点施設から公共性を考える）からみえてくるものは以下のものである。

地域に住む人々（市民）が形成する「公共空間」が存在することは、その空間に「公共性」が存在することでもある。この「公共性」は、市民・住民、民間機関、行政等や個人や地域、企業組織がそのサステナビリティと地域のサステナビリティを目指す営為であるが、場と空間、そして建物さらには仕組み（制度）の提供が、主体間の排除性を排し、ネットワークを形成し、市民・住民の必要性やその潜在的能力を引き出すことにもつながる。「場」「建物」「空間」という視点は、ハード（構造物）やソフト（情報やそのコミュニケーションのあり方、市民や行政、他の主体間の関係等社会関係資本）を含めた総合的視点の重要性を浮き彫りにする。「公共空間」における「建物」や施設、あるいは「場」の存在が、市民・住民の自律性と公平性を前提とした、地域住民や企業組織などの多様な主体間において持続されてきた具体化な公助や協働―マネジメント―を助け、くわえて新しい価値の創造という意味での「共創」に向かう協働というような形で、より現代化された新たな「公共性」をつくり出すのである。それは、「場」「建物」「空間」が新たな視座として有効性をもち、また、実体としての公共性を提供するのに役立つことの証左に他ならない。

「地域」に即してみれば、こうした公共性は市民、住民という主体間に生まれるものであり、共有された「場」「建物」「空間」は、諸主体にとり、出会いや経験の「場」「建物」「空間」であり、共通の価値観―主体間の排除性を排し、ネットワークを形成し、市民・住民の必要性やその潜在的能力を引き出す―に基づき創造された共生、協働の「場」「建物」「空間」である。また、それは、共通の価値観を創造する機能、そして他者の価値を理解するという機能も担っている。

公益性と公共性

岩瀧は、阿蘇の小さな博物館で起きている事例を、地球史とその中の人類史（人間史）に載せ、阿蘇の「大地性の中にある閉鎖性」、「海洋性にみられる解放性」という地域特性も織り込んで、「公益性」と「公共性」を記述している。阿蘇の事例を大地性という言葉から説明し、人々の移動、交流を海洋性から説明するというスケールの大きな問題意識は、筆者には感動的でもあった。

岩瀧は、「公益財団法人とはいえ小さな民間博物館が孤軍奮闘して設置し、また、維持管理するようなものなのか」という疑問を、「公益性」と「公共性」という本質に立ち返って、もう一度捉えなおすべき事象と考えた。

しかし、現場の雰囲気は、行政が税金で行えば公共、民間が行えば公益といった大雑把な考え方が先行し、その線引きは難しかった。公共性、公益性については、税金で賄われるのか、寄附などの民間資金なのかという財源（資金の出所の違い）から単純に区分できないものが存在しているのである(6)。

3　結びに

さて、終章も終わりに近づいてきた。ここまでみてきたように、公共性を考える視点を踏まえ、「場、建物、空間」から抽出される「公共性」として、最後に示したいのは、飯澤文夫（第9章）の図書館から考えた「公共性」である。

筆者は、「公共性」について、差し当たり、「市民・住民、民間機関、行政等の、個人や地域、企業組織のサステナビリティを目指す営為」あるいは、「場と空間、そして建物さらには仕組み（制度）の提供においてネットワークを形成し、排除性を排し、成員の必要性やその潜在的能力を引き出す営為」とした。そして、本書の各論文やインタビュー記事を通して、公共性は「市民や民間企業、そして行政（地方自治体）などの主体が個人や地域、企業組織のサステナビリティを目指し協働する中で生まれてくるものであり、「統治」とは異なるこの「公共性」を前提とした社会システム―場、建物、空間も含まれる―による「生活世界」の創造という営為から生まれるもの」であると考える。

また、公共性の醸成・発揮にとり、重要な場所としては、ハードのインフラをベースにした地方交通機関や、病院、福祉・介護施設、建物（施設）、病院等も重要であり、また社会関係資本（ソーシャルキャピタル）も不可欠である。

しかし、「公共性」は「地域」に即してみれば、市民、住民、民間組織などの主体間に生まれるものであり、共有された「場」「建物、「空間」は、諸主体にとり、出会いや経験の「場」「建物」「空間」であり、共通の価値観に基づき創造された共生、協働の「場」「建物」「空間」である。また、それは、共通の価値観を創造する機能ため、かつそして他者の価値を理解するという機能も担っている。こうした営為がなければ、あるいは営為にコミットしなければ、権力とは対極にある「公共性」を共有できず、「広場」にいても「孤独」を感じる、「広場の孤独」状態に陥るかもしれないのである。いや、権力と直接つながる「孤独」な存在となりうるのである。

こうした点を考えると、飯澤文夫の次の言（本書第9章より）は、こうした「孤独」から私たちを自由にしてくれるものである。

「建物を設置し、資料・情報を保有すれば、それだけで社会関係資本となり、公共性をもつわけではない」（185-186頁）。基本的人権、その可能性の発揮のための施設・設備・専門的サービスなどが必要である。

飯澤は、「住民、利用者が声を上げ、図書館がそれをしっかり受け止めて、信頼関係を構築する。それができた時に初めて図書館の公共性が確立する」。それには、「専門性とカウンセリング・マインド、社会的スキルを備えた図書館員、サーチアシストの存在が不可欠である」と述べている（186頁）。

さらに、飯澤はこう呼びかける。「「雑談のできる図書館」こそが、「とびきり居心地のよい場所」と考えるのだが、いかがであろうか。」と。市民・住民、民間組織等の自律的な主体の「公共性」を育む「場」「建物」「空間」とは、「コミュニティの核になるとびきり居心地のよい第三の場所」（185頁）であるというものである。

堂前によれば、ワテラスの居住者も同じことを語っている。「地元の方からは、「アナログ的な交流」が望まれている面もあります。ブラッと出向き、話ができるというイメージでしょうか。」[7]と。

空間から俯瞰、構想し、また、歴史的な流れをつかむこと。また、建物、施設のハードとソフトを工夫し、活かすこと。そして、共感と想像力の働く具体的な場を創り出すこと。本書で示されたさまざまな公共性が、場、建物、空間において発揮されることを期待して稿を閉じることとする。

注

（1）阿久根佐和子（文）「安藤忠雄さんと建築語り vol.2」、FEATURE（OMOTESANDOHILLS）、2017年8月22日 https://www.omotesandohills.com/feature/2017/002856.html.（2023年10月10日最終閲覧）

表参道ヒルズのウェブサイトにあるFEATUREのコーナーは、表参道ヒルズのトレンド情報や旬なショップ、イベントの楽しみ方、表参道ヒルズの開発ストーリーなど、表参道ヒルズをさらに楽しむための情報を発信している。

（2）以下隈の発言の引用および要約は、「自由になると見えてくる、新しい公共性　アフターコロナ社会の都市と建築のかたち」【第1回】パンデミックと「新しい公共性」より。2021-11-10 Executive Foresight Online 編集部　株式会社日立製作所デジタルシステム&サービス統括本部コミュニケーション戦略本部

（3）隈は、ネコは地面の近くを、地面のテクスチャーを認識しながら歩くが、そうしたネコの行動を通して下から眺める街のかたちを、「テンテン（DISCRETE）」、「ザラザラ（ROUGHNESS）」、「シゲミ（BUSH）」、「シルシ（TERRITORY）」、「スキマ（GAP）」、「ミチ（TRACKS）」という六つのキーワードで表現し、「５６５６（ゴロゴロ）原則」と名づけたのである。

（4）衣松とのメールでの意見交換からの引用である。

（5）藤江昌嗣「決算統計を用いた自治体財政分析とＳＷＯＴ分析」明治大学経営学研究所『経営論集』44（３・４）、１９９７年

（6）イスラム社会における公共建築の建設（トルコの例を中心に）として、かつて、飯島英夫は、トルコにおける公共浴場をワクフ（イスラム社会の財産寄進制度）とともに紹介した。飯島英夫「場、建物、空間から公共性を考える」２０２２年1月13日、明治大学での講義．飯島英夫には、『トルコ・イスラム建築』冨山房インターナショナル、２０１０年、並びに『トルコ・イスラム建築紀行』彩流社、２０１３年がある。

（7）インタビューの中での発言。

おわりに

本書のモチーフは明治大学経営学部の講義「場、建物、空間から公共性を考える」にある。編者は各執筆者の方々の講義を本書のような形で纏めたいと、開講当初から希望していたが、その後、学文社落合絵理氏に相談し、今回の出版の運びとなった。

企画から出版までの期間の短さやその他の困難があったが、執筆、インタビューに御協力いただいた先生方の熱意と御協力により、出版の運びとなった。改めて、編者として感謝する次第である。

また、上記の課題を乗り越え、出版に至るまでには、落合絵理氏の励ましと適切なアドバイスがあった。記して感謝申し上げます。

２０２３年神無月

藤江　昌嗣

付表

2023年度明治大学経営学部「公共経営学特別講義」講師とタイトル一覧

古都再考　ヘリテージ（文化遺産）マネジメントと公共性について	大阪大学特任准教授・明治大学兼任講師　岩瀧敏昭
地域としての大地性と海洋性からみた場の共創と公益性について考える—熊本阿蘇などを事例として	大阪大学特任准教授・明治大学兼任講師　岩瀧敏昭
図書館から公共性を考える（1） 情報・コミュニケーション空間としての可能性	元明治大学学術・社会連携部長 飯澤文夫
図書館から公共性を考える（2） ケーススタディ —明治大学和泉図書館	元明治大学学術・社会連携部長 飯澤文夫
府中市の市民活動センタープラッツから公共性を考える—プラッツ訪問	府中市市民協働推進部協働共創推進課課長　小塚栄志
自然災害・COVID-19等における、地方都市の頑健性と脆弱性	青森中央学院大学経営法学部教授 竹内紀人
白石市の病院・医療施設等から公共性を考える	元宮城県白石市総務部長 八島定敏
フィールドスタディ（ワテラス他） エリア・マネジメントと公共性	安田不動産株式会社 一般社団法人淡路エリアマネジメント事務局長　堂前　武
地域公共交通の役割から公共性を考える	Nomura Research Institute American, Inc. （株）野村総合研究所　衣松佳孝
場、建物、空間から「公共性」を考える	明治大学経営学部専任教授 藤江昌嗣

編著者紹介

藤江　昌嗣（ふじえ　まさつぐ）

明治大学経営学部教授、経済学博士
元明治大学副学長（社会連携担当）、明治大学マネジメント・オブ・サステナビリティ研究所（MOS）所長、戦略研究学会顧問
1954年　釧路市生、帯広市を経て、浦和市に転居
1978年３月　京都大学経済学部卒業、日本鋼管株式会社、神戸大学大学院を経て
1984年４月　岩手大学人文社会科学部専任講師
1987年４月　東京農工大学農学部助教授
1992年４月　明治大学経営学部助教授、1993年４月　同大学教授、現在に至る。
1994年３月　京都大学博士（経済学）
2000年～2002年　ポートランド州立大学客員教授
〈専攻〉統計学・経済学・パフォーマンスメジャーメント論・移転価格論
〈主要著書〉『ビッグデータ時代の統計学入門―データサイエンスを支える統計の基本―』学文社、2021年（単著）、『アジアからみた新地政学的マクロ経済学 IMF・GATT 体制を超えて』学文社、2017年（単著）、『新ビジネス・エコノミクス』学文社、2016年（単著）、『アジアからの戦略的思考と新地政学』芙蓉書房、2015年（共著）、『移転価格税制と地方税還付』中央経済社、1993年（単著）、マイケル スミス著『プログラム評価入門』梓出版社、2009年（共訳）他

場、建物、空間から公共性を考える
――地状学への誘い

2023年12月10日　第一版第一刷発行

編著者　藤江　昌嗣

発行者　田中　千津子
発行所　株式会社　学　文　社
〒153-0064　東京都目黒区下目黒3-6-1
電話　03（3715）1501 ㈹
FAX　03（3715）2012
https://www.gakubunsha.com

Printed in Japan　印刷　新灯印刷
乱丁・落丁の場合は本社でお取替えします。
定価はカバーに表示。

ISBN 978-4-7620-3281-3